AURA

Titel der Originalausgabe: *In Focus Auras*

www.librero-ibp.com

Verlegerin: Rage Kindelsperger
Kreativdirektorin: Laura Drew
Lektoratsleitung: Cara Donaldson
Lektorat: John Foster
Layout: Ashley Prine, Tandem Books

Übersetzung aus dem Englischen:
Anita Weinberger-Schwendenwein, Wien
Redaktion und Satz der deutschen Ausgabe:
Print Company Verlagsges.m.b.H., Wien

Printed in China

ISBN: 978-94-6359-560-5

FSC
www.fsc.org
MIX
Papier | Fördert gute Waldnutzung
FSC® C016973

AURA

Ein persönlicher Ratgeber

Joylina Goodings

Librero

INHALT

EINLEITUNG
Was ist eine Aura? . . . 6

KAPITEL EINS
Geschichte des Bewusstseins von Auren . . . 8

KAPITEL ZWEI
Auren und ihre Schichten . . . 12

KAPITEL DREI
Auren in Bezug auf die Chakren . . . 18

KAPITEL VIER
Auren und unsere Sinne . . . 28

KAPITEL FÜNF
Auren spüren . . . 42

KAPITEL SECHS
Auren und Farben . . . 54

KAPITEL SIEBEN
Auren lesen . . . 70

KAPITEL ACHT
Auren und Beziehungen . . . 82

KAPITEL NEUN
Auren und Gesundheit . . . 94

KAPITEL ZEHN
Nützliches für die Aura-Therapie . . . 104

KAPITEL ELF
Jede Schicht der Aura heilen . . . 118

KAPITEL ZWÖLF
Heilung der Aura als Ganzes . . . 126

ZUSAMMENFASSUNG 137

ÜBER DIE AUTORIN 138

REGISTER 139

BILDNACHWEIS 143

EINLEITUNG

WAS IST EINE AURA?

Alles im Universum besteht aus Energie, und diese strahlt ein Energiefeld aus. Dazu gehören nicht nur wir, sondern auch Tiere, Bäume, Pflanzen, Insekten, Berge, Hügel, Felsen, Planeten, Sterne etc. Das Energiefeld, das alle Lebewesen umgibt, wird als Aura bezeichnet, die in den meisten Fällen unsichtbar ist. Doch es gibt manche Dinge, die eine Aura ausstrahlen, die leicht zu sehen ist. Zum Beispiel kann man die Aura um den Mond und die Sonne oft als schwach schimmernde Energie sehen, die von ihnen ausgeht. Auren können mit speziellen Kameras fotografiert werden, aber mit etwas Übung können Sie lernen, dieses Energiefeld mit bloßem Auge zu sehen, zu spüren und zu fühlen. Übungen im weiteren Verlauf dieses Buches werden Ihnen helfen, diese Fähigkeiten zu verbessern, wobei wir uns auf unsere Auren, das heißt die menschliche Aura, konzentrieren.

Das Wort *Aura* stammt aus dem Griechischen und bedeutet „Luft" oder „Brise". Es ist die reine Lebenskraft, die im Chinesischen als *chi*, im Japanischen als *qi*, im Hawaiianischen als *mana* bezeichnet wird und im Sanskrit, innerhalb der buddhistischen Tradition als *prana*, wo sie häufig als tausendblättrige Lotosblüte um den Kopf des Buddha sowie aller, die Erleuchtung erlangt haben, dargestellt wird.

Auren umgeben und interagieren mit allen Dingen. Eine menschliche Aura besteht aus elektromagnetischen Teilchen, die der Körper ausstrahlt. Sie beinhalten alle positiven und negativen Informationen aus unserer Vergangenheit, Gegenwart und nahen Zukunft. Es ist unsere Lebenskraft, und eine sensible Person kann aus dieser Energie alles über uns herauslesen – körperlich, geistig, emotional und spirituell – denn eine Aura reflektiert sowohl unsere sich dauernd verändernde Stimmung, als auch unser körperliche, emotionale und spirituelle Gesundheit.

Das bedeutet, Ihre persönliche Aura enthält nicht nur Informationen über Sie, sondern wird auch von der Umgebung und den sich in der Nähe befindlichen Wesen, mit denen Sie interagieren, beeinflusst. Das bedeutet natürlich auch, dass nicht nur fremde Auren auf Sie abfärben, sondern dass auch Ihre Aura andere prägt.

Sie sind sich wahrscheinlich bewusst, dass sich manche Orte oder Personen gut „anfühlen", andere nicht. Bei einigen fühlt man sich willkommen, bei anderen nicht. Tiere, insbesondere Hunde, reagieren sehr sensibel auf die Aura einer Person. Sie wissen, ob Sie jemand mag oder sich vor ihnen fürchtet und verhalten sich danach. Wir alle spüren spontane Zu- oder Abneigung zu anderen und wissen nicht warum. Der Grund dafür liegt darin, dass wir unbewusst die Aura und die damit verbundene Energie fühlen. Zum Beispiel spürt man, dass eine Person ärgerlich oder zornig ist, obwohl sie lächelt. Man fragt, wie es ihr geht und sie antwortet „gut" und man „weiß", dass sie lügen. Wenn man jemanden näher kennt, wird man vielleicht insistieren, doch wenn man jemanden zum ersten mal trifft, wird man der Person kein Vertrauen schenken. Unsere Auren verändern sich ständig und reflektieren unser schwankenden Stimmungen und Gefühle sowie die Interaktionen mit den verschiedenen Energien, die alles umgeben, uns mit eingeschlossen.

Ziel dieses Buches ist, Sie über Ihre eigene Aura aufzuklären – wie sie mit der Aura anderer Menschen interagiert und diese Interaktion Ihre eigene Energie und Stimmung beeinflusst. Sie werden Mittel und Techniken entdecken, mit denen Sie Ihre Aura beleben und Ihre Energie erhöhen können, wenn Sie müde sind. Sie werden neue Wege finden, um Ihre Sensibilität und Intuition zu erweitern, sodass Sie ein glücklicheres und gesünderes Leben führen, indem Sie eine gesunde Aura aufrecht erhalten und die Auren der Menschen um Sie herum verstehen. Sie werden sehen, wie die Aura frisch und hell ist, wenn Geist, Körper und Seele im Einklang sind, und wie sie blockiert wird, wenn Sie aus dem Gleichgewicht geraten – sei es durch einen Unfall, eine Krankheit oder ein emotionales oder mentales Trauma. Sie werden lernen, diese Blockaden zu erkennen und aufzulösen, denn wo sich diese dunklen Flecken in der Aura befinden, wird uns die zugrunde liegende, unbewusste Ursache gespiegelt. So kann uns die Aura selbst darauf hinweisen, was wir tun müssen, um ausgeglichen und ganz zu werden, um wieder in Einklang mit dem erfolgreichen Leben zu kommen, für das wir alle geboren sind.

Sie werden auch erfahren, wie die Energie anderer sich durch Interaktion auf Ihre Energie auswirkt und wie Sie sich und anderen helfen können, mit Farben, Kristallen, ätherischen Ölen, Klängen und heilenden Energien wie Reiki oder spirituelle Heilung, auffrischen, heilen und ausgleichen können.

❋ ❋ ❋

1

GESCHICHTE DES BEWUSSTSEINS VON AUREN

Bezugnahmen auf Auren finden sich in der Vergangenheit nicht nur bei den glänzenden Heiligenscheinen von spiritueller Energie mit der die Künstler Jesus und die Heiligen porträtierten, sondern sogar schon bei früheren religiösen Traditionen. Energie als Lebensbasis war ein hauptsächlicher Bestandteil der antiken ägyptischen Religion und Kunst, und auch die alten Griechen und Völker überall auf dem asiatischen Kontinent hingen einem ähnlichen Glauben an.

Viele Menschen schrieben über das von Menschen, Tieren oder heiligen Orten abstrahlende Licht – der berühmteste unter ihnen war Pythagoras (geb. 570 v. Chr.). Ihn kennt man in der modernen Welt eher für seine Beiträge zur Mathematik, doch zu seiner Zeit war er berühmt als Mystiker, der die Lichtenergie – die Aura – die alle Wesen umgibt, lehrte. Johanna von Orléans (ca. 1412–1431) ist wahrscheinlich die bekannteste christliche Mystikerin, die über göttliches Licht schrieb. Beide Testamente der Bibel beinhalten zahlreiche Anspielungen auf das „göttliche Licht" oder das „Licht Gottes". Die Heilige Teresa von Ávila (1515–1582) schrieb über ihre mystischen Erfahrungen, die Stimmenhören und Lichtvisionen mit einschlossen.

Etwas später führte das Erwähnen von Visionen oder das Sehen von Licht und Farben rund um Personen zu Einweisungen in Irrenhäuser. Nur sensible Leute wie Heiler oder Wahrsager bekannten sich dazu und wurden meist als verrückt oder betrügerisch angesehen.

Mit der Zeit gelang es der Technologie Energiefelder zu fotografieren und zu messen. Die Entwicklung noch ausgefeilterer Technologien erlaubt das Aufzeichnen der Interaktion von Auren sich begegnender Menschen sowie die Reaktion einer Aura, wenn Menschen Heilung oder energetische Medizin empfangen. Das alles kann man heute objektiv messen und studieren. Die ersten Bilder wurden von Nikola Tesla 1891 erstellt, sie wurden allerdings, wie so vieles aus Teslas Arbeiten bis vor Kurzem ignoriert.

Pythagoras

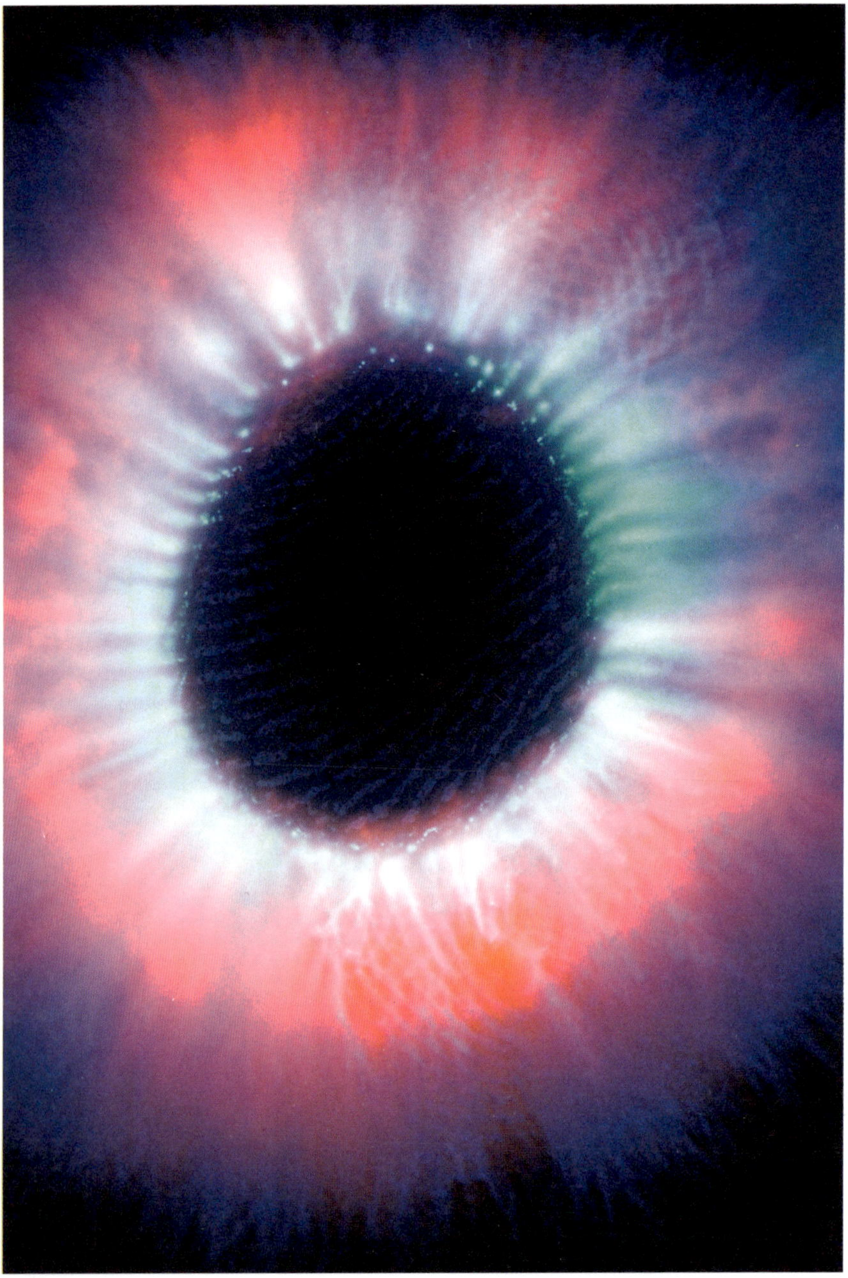

Kirlianfotografie eines Daumens

EEGs (Elektroenzephalogramme) messen magnetische Impulse und winzige elektrische Gehirnströme, während Polygraphen (Lügendetektoren) die Fluktuation der elektrischen Impulse messen, die sich aus der Veränderung unserer Gefühle ergeben. Semjon Kirlian erfand die Kirlian-Fotografie, die imstande ist, diese elektrischen Entladungen und Transfers auf Film zu bannen. In den frühen 1960er-Jahren wurde er dafür bekannt, Reaktionen einer Person oder eines Tieres auf Veränderungen des körperlichen, geistigen oder emotionalen Zustandes zu fotografieren.

Ab 1975 erforschte man an Universitäten der ganzen Welt menschliche Auren und fand nebenbei heraus, dass nicht nur Menschen und Tiere, sondern auch Bäume, Felsen, Berge, eigentlich alles, von Energiefeldern umgeben ist. Die Forschung zeigte auch, dass die Energie einer Aura innerhalb Hunderter spezifischer Bereiche im Körper konzentriert ist. Die Areale scheinen sowohl mit den Akupunkturpunkten des chinesischen Heilungssystem der Meridiane zu korrespondieren, als auch mit den sieben Hauptchakren, die im indischen Chakren-System durch die Mitte des Körpers verlaufen. Er erwies sich, dass die Energiezentren einer Aura das bestätigten, was die chinesische und indische Medizin seit Jahrhunderten wusste.

Seitdem entwickelte man für Forschungszwecke viele verschiedene Typen von Aura-Kameras. Sie zeigen entweder die ganze oder Teile einer Aura, insbesondere deren Farben. Mit den Jahren erfuhr man sehr viel mehr, darunter auch wie sich eine Aura unter internen und externen Einflüssen verändert – zum Beispiel, wenn eine Person an verschiedene, positive oder negative, Dinge denkt. Das erzeugt innerhalb des Körpers eine Emotion , die in der Aura reflektiert wird. Wenn man zum Beispiel an etwas denkt, das einen traurig macht, wird die Aura an Glanz verlieren und wahrscheinlich sehr viel Blau aufweisen – aber davon später.

Menschen erkennen intuitiv und verbinden automatisch Informationen, die von Auren ausgehen. Die meisten von uns machen das unbewusst; man hat ein bestimmtes „Gefühl" bei einem Ort oder einer Person, auf das sich die jeweilige Meinung gründet. Je mehr man jedoch über Auren erfährt und sich deren Informationen zugänglich macht, desto besser ist man in der Lage, sich selbst, der Familie, Freunden und sogar der Welt zu helfen.

Im Laufe der Lektüre dieses Buches werden Sie erfahren, wie man sich mit Auren verbinden und sie lesen kann, um sich selbst, andere und das weitere Umfeld zu heilen, und so ein wahrlich erfüllendes Leben zu führen.

❋ ❋ ❋

2

AUREN UND IHRE SCHICHTEN

Unsere Auren spiegeln unser körperliches, geistiges, emotionales und spirituelles Wohlbefinden wider, und diese Verbindung zu verstehen, kann helfen, auf das Leben bewusst zu reagieren, statt einfach auf Situationen zu antworten. Wir wissen heute, dass die Wissenschaft beginnt, das zu beweisen, was Esoterik-Lehrer auf der ganzen Welt seit Jahrhunderten behaupten.

Der erste Schritt, dieses Bewusstsein zu bekommen, ist das dreiteilige Energiesystem des Körpers zu verstehen, das aus der Aura, den Chakren und dem Meridian-System besteht. Körperliche, emotionale, geistige, spirituelle Traumata und solche aus einem vorherigen Leben werden in unterschiedlichen Schichten der Auren und Chakren gespeichert. Indem man sie heilt und klärt, kann man im Leben vorwärts schreiten. In diesem Kapitel werden wir die Aura untersuchen; später erfahren wir mehr über das Meridiansystem und die Chakren, und wie all dies zusammenpasst.

Auren

Wir alle bestehen aus einem physischen, emotionalen, geistigen und spirituellen Körper, und unsere Aura setzt sich aus dem Ätherkörper, dem niederen und höheren Astralleib und dem spirituellen Körper zusammen.

Der Ätherkörper ist der energetisch am dichtesten. Es steht dem physischen Körper nahe, ist mit ihm gekoppelt und beinhaltet die körperlichen Sinne. Man nennt ihn auch ätherisches Double, den er liefert die Vorlage für die Strukturen des physischen Körpers. (Äther ist der Zustand zwischen Energie und Materie.) Diesen Ätherkörper sehen wir in der Kirlian-Fotografie.

Der niedere Astralleib ist weniger dicht und umfasst den Persönlichkeitskörper, der aus dem Ego, den Gefühlen und dem Bewusstsein besteht. Unsere Denkmuster und Glaubensstrukturen erlernen wir durch die Gesellschaft und die Konditionierung in der physikalischen Welt.

Der höhere Astralleib umfasst sowohl unsere unbewussten Gefühle wie bedingungslose Liebe, Anerkennung und Freude, als auch den geistigen Körper, der aus Wissen, Erfahrung, Glauben, Vernunft und Denkmustern besteht.

Der spirituelle Körper beinhaltet die Muster und das Wissen über die Erfahrungen unserer Seele während vorheriger Leben und die Pläne der Seele für die jetzige Lebensspanne.

Diese vier Körper werden herunter gebrochen auf die sieben bekannten Schichten einer Aura.

Die sieben Schichten

- Ätherische Schicht: leitet die körperlichen Empfindungen
- Emotionale Schicht: leitet die persönlichen Gefühle
- Geistige Schicht: leitet die Denkmuster
- Astralschicht: leitet bedingungslose Gefühle (eine Brücke zwischen der körperlichen und spirituellen Schicht)
- Spirituelle Schicht: leitet die ethische Vorlagen und den höheren Willen
- Himmlische Schicht: leitet die emotionalen Vorlagen und die höheren Gefühle
- Kausalschicht: verbindet den spirituellen Weg mit der universellen Energie

Aura-Schicht 1
PHYSISCHER UND ÄTHERKÖRPER

Das ist die dichteste der Feinstofflichkeitsfelder (auch bekannt als *prana*, *chi* oder Quellenenergie) und ist unser elektromagnetischer Körper. Es existiert in uns, rund um jede Zelle und speichert die Vitalität. Es liegt im Bereich von 8 bis 13 cm rund um den physischen Körper und steht in Verbindung mit dem Wurzel- und dem Sakralchakra.

Aura-Schicht 2
DER EMOTIONALE KÖRPER

Sie ist sowohl Teil der ätherischen Schicht als auch der niederen Astralschicht und steht im Verbindung mit den persönlichen Gefühlen sowie dem Sakral- und dem Solarplexuschakra. Es liegt im Bereich von 15 bis 23 cm entfernt vom Körper. Es steht in Verbindung mit den Gefühlen über das Selbst und den Trieben, die uns beherrschen würden, wenn wir sie nicht kontrollierten. Alle Chakren außer dem Kronen- und dem Wurzelchakra öffnen sich zu dieser Ebene, die das Karma und die Erinnerungen an ein vorheriges Leben trägt. Meist wird es mit dem Solarplexuschakra assoziiert.

Aura-Schicht 3
DER GEISTIGE KÖRPER

Er ist Teil der niederen Astralschicht und liegt etwa 23 bis 30 cm vom Körper entfernt. Er befasst sich mit Vernunft und geistiger Aktivität, die sich dauernd verändert. Negative Gedanken ziehen die Negativität an, positive Gedanken beeinflussen unser Leben positiv. Diese Schicht beinhaltet alle Erfahrungen des Lebens. Gedanken haben eine direkte Beziehung zu unserer Stimmung, deshalb steht diese Schicht in Verbindung mit dem Solarplexus- und dem Halschakra.

Aura-Schicht 4

DER ASTRALLEIB

Diese Schicht befindet sich 30 cm oder mehr vom Körper entfernt und steht in Verbindung mit dem Herzchakra, wird mit der Liebe assoziiert und fungiert als Brücke zwischen den niederen Chakren, die uns mit dem körperlichen Leben verbinden, und den höheren Chakren des spirituellen Wesens. Hier finden alle intuitiven Aktivitäten statt. Auf diesem Level, wo es keinen Unterschied zwischen Seele und Persönlichkeit gibt, findet auch ein Großteil der unbewussten Interaktion statt.

Aura-Schicht 5

DER SPIRITUELLE KÖRPER

Diese Schicht befindet sich in einer Entfernung von 60 bis 90 cm vom physischen Körper. Sie bezieht sich auf die Interaktionen der Persönlichkeit, der Seele und dem göttlichen Willen. Diesen Level assoziiert man mit dem Erlernen des Vertrauens, deshalb schaltet man auf ihn um, wenn man jemanden mag oder ablehnt, oder wenn man spürt, dass etwas nicht stimmt. Unsere Persönlichkeit ist eine Kombination aus all unseren Lebensmustern, sowohl den aus Erfahrung erlernten, als auch den aus der DNA und der Kultur vererbten. Dieser Level spiegelt den alltäglichen emotionalen und geistigen Zustand wider. Er steht in Verbindung mit den Stirn- und dem Sakralchakra sowie dem Halschakra.

Aura-Schicht 6

DER HIMMLISCHE KÖRPER

Diese Schicht ist subtiler als die anderen und bezieht sich auf die erleseneren Gefühle und göttlichen Eigenschaften wie bedingungslose Liebe, Mitgefühl, Mut und höhere Ansprüche. Sie ist eher die Ebene der Meditation als der Gedanken sowie der Kontemplation statt Analyse.

Sie steht in größerer Entfernung vom Körper und kann bis zu 1,5 m reichen. Das ist die Schicht, mit der man sich mit Energien aus anderen Dimensionen verbindet, wie denen der Verstorbenen oder spirituellen Führern. Es ist der Level der Inspiration und der Vorlage für Gefühle über das Selbst. Hier wird die Seele genährt mit der Schönheit von Natur, Musik, Kunst, Meditation und Gebet. Wenn man dieses Niveau des Bewusstseins erreichen will, muss man andere schätzen, ehren und respektieren und ihnen dankbar sein. Es steht in Verbindung mit dem dritten Auge und dem Kronenchakra.

Aura-Schicht 7

KAUSALKÖRPER

Das ist die Schicht, die das Kronenchakra mit der universellen Energie verbindet. Auf diesem Level kann man spirituelle Ekstase sowie eine zeitweise Verbindung mit dem Universum erfahren. Diese Schicht ist sehr weit ausgedehnt und wenn das Bewusstsein dieses Niveau erreicht, ist man eins mit seinem Schöpfer. Es ist die stärkste und widerstandsfähigste Schicht, da sie den Hauptstrom beinhaltet, der unsere Wirbelsäule auf- und abläuft und den Körper ernährt. Es ist auch die Schicht der reinen, kreativen Gedanken. Auf dieser Bewusstseinsebene versteht man das perfekte Muster der Dinge (oben wie unten) und wird erleuchtet. Diese Schicht enthält auch die Astraldatenbank für diese Lebensspanne, die gemeinhin als Sinn der Seele oder des Lebens bekannt ist. Sie steht in Verbindung mit dem Kronen- und dem Wurzelchakra.

* * *

3

AUREN IN BEZUG AUF DIE CHAKREN

Die sieben Schichten der Aura interagieren mit allen Chakren, wobei man sagt, dass es mehr als 189 davon in unserem physischen Körper und mehr als 72.000 in diesen sieben Schichten gibt, doch wir konzentrieren uns in diesem Buch nur auf die sieben Hauptchakren.

Das Wort *chakra* bedeutet im Sanskrit „Rad". Chakren erzeugen trichterförmige Energiewirbel, wobei das breitere Ende mit dem Aurafeld interagiert, während der Stamm in der Wirbelsäule eingebettet ist. Die Wirbel fließen von der Körpermitte durch den Rücken und die Vorderseite nach draußen.

Die sieben Hauptchakren verlaufen in der Körpermitte etwa entlang der Wirbelsäule. Sie sind mit allen sieben Schichten der Aura verbunden und agieren sowohl im ätherischen als auch im Astralfeld. Jedes Chakra wird mit einer unterschiedlichen Farbe assoziiert und interagiert mit der Aura, wobei sie deren Farben beeinflusst. Sie bestimmen jeweils auch einen spezifischen Körperteil, entwickeln sich in verschiedenen Altersstufen und beinhalten viele Informationen über die körperliche, emotionale, geistige und spirituelle Gesundheit. Wenn die Chakren ausgeglichen sind und gut funktionieren, ist man glücklich und gesund, und die Auren sind hell. Wenn nicht, fühlt man sich dumpf, müde, lethargisch, frustriert, depressiv, wütend etc., und die Auren reflektieren das auch. Sieht, spürt und fühlt man Chakren und Auren, kann man Mittel und Techniken (die später besprochen werden) anwenden, um Ausgeglichenheit und Gesundheit wiederzuerlangen.

Das Energiesystem

Chakren wandeln die feinstoffliche Energie wie Transformatoren um, die von den Hormon-, Nerven- und Zellsysteme genutzt werden. Man versorgt den Körper mit Luft, Nahrung und Wasser, die Chakren nehmen jedoch auch die uns umgebende feinstoffliche Energie auf, die ebenfalls grundlegend für unser Wohlbefinden ist.

So wie die Blutgefäße das lebenswichtige Blut in alle Körperteile bringen, wird diese Energie über das Meridiansystem geleitet, das alle Chakren innerhalb des Körpers mit den Auren und den uns umgebenden Energiefeldern verbindet.

Das klingt vermutlich kompliziert, aber um es einfach auszudrücken, denken Sie an ein Straßennetz und stellen Sie sich die Meridiane als Straßen und die Chakren als Kreisverkehre oder Kreuzungen vor. Die Energie strömt herein, bewegt sich herum und fließt hinaus. bei Straßen können Kreisverkehre und Kreuzungen je nach Verkehrsaufkommen groß oder klein sein. Genauso verhält es sich mit dem Meridiansystem. Manchmal fließt die Energie frei und zu anderen Zeiten gerät sie ins Stocken, so wie der Verkehr nach einem Unfall oder bei Straßenarbeiten.

Hat man einen Unfall, auch nur einen kleinen Schnitt, reinigt und verbindet man diesen, und mit der Zeit heilt er. Ein tiefer Schnitt hinterlässt meist eine Narbe auf dem physischen Körper. Bei einem schweren Unfall wird der physische Körper Narben davontragen, doch er wird auch emotionale und geistige Narben hinterlassen, die nicht immer ganz verheilen.

Traumata, unter denen man leidet, sind praktisch wie Verkehrsunfälle. Sie stecken im Körper und werden im Energiesystem reflektiert, indem sie ähnliche Staus produzieren wie ein Autounfall oder Straßenarbeiten. Wenn es irgendwo im System Blockaden gibt, sei es in den Chakren, Meridianen oder der Aura, fließt die Energie nicht frei und man wird müde, lethargisch und krank. Eine Blockade im Energiesystem kann auf eine zukünftige Entwicklung einer Krankheit hinweisen.

Jedes dieser Energiezentren befasst sich mit einem bestimmten Bereich bezüglich des physischen, emotionalen, geistigen und spirituellen Zustandes. Jedes regiert einen Aspekt des physischen Körpers in Verbindung mit den endokrinen Drüsen sowie den ätherischen Körper durch das Nervensystem. Jedes Chakra entwickelt sich zu einen unterschiedlichen Zeitpunkt – bei manchen Menschen entwickeln sich die höheren gar nicht. Das Wissen über deren Funktion ermöglicht ein besseres Verständnis des physischen, psychischen und spirituellen Zustands, was bei der Heilung hilfreich ist.

Sobald man sich spirituell entwickelt und beginnt, Traumata und negative Muster zu identifizieren, heilen und lösen, werden die Chakren und Auren auf einem höheren Level vibrieren, was man auch spüren kann. Es werden sich sowohl die Drehmuster als auch die Farben verändern, doch mehr darüber später.

Das Wurzelchakra

Sanskrit-Name: *Muladhara*
Entsprechungen in der Aura: Schicht 1 und 7, ätherischer und Kausalkörper.
Farbe: Rot.
Lage: An der Basis der Wirbelsäule, knapp unter dem Schambein. Es hat die dichtesten Schwingungen und die geringste Drehzahl.
Sinn: Geruch.
Einsatzgebiet: Diese Chakra beeinflusst das Überleben auf körperlicher Ebene, verbindet mit der Erde und lenkt nicht nur den Evolutionszyklus, sondern auch die Reaktionen für Kampf, Flucht oder Erstarrung.
Altersstufe: Es entwickelt sich als Erstes und beherrscht uns von der Geburt bis zum Alter von zwei, drei Jahren. In dieser Stufe denken Kinder, dass sich die ganze Welt um sie dreht, bevor sie sich der Getrenntheit bewusst werden.
Drüsen: Dieses Chakra herrscht über die Adrenalinausschüttung, deren Drüsen über den Nieren liegen und die Reaktionen für Kampf, Flucht oder Erstarrung für das Überleben lenken. Dies ist das einzige Chakra, bei dem die endokrine Drüse nicht direkt über der körperlichen Zone des Chakras liegt.
Aufgaben: Das Wurzelchakra steht in Verbindung mit der Ausscheidung von Feststoffen und ist Metapher für das „Loslassen“ von nicht länger nützlichen Dingen. Es befasst sich mit Nieren, Darm, Wirbelsäule, Beine und Knochen.

Sakralchakra

Sanskrit-Name: *Svadhisthana*
Entsprechungen in der Aura: Schicht 1, 2 und 5, ätherischer, emotionaler und spiritueller Körper.
Farbe: Orange.
Lage: Zwischen knapp oberhalb des Schambeins und knapp unterhalb des Nabels.
Sinn: Geschmack.
Einsatzgebiet: Alles, was mit Beziehungen zu tun hat.
Altersstufe: Es entwickelt sich in der Altersstufe zwischen drei und fünf Jahren, kann sich aber bis acht Jahre weiter entwickeln, wenn die Getrenntheit entdeckt wir, und man lernt, sich in die Familie und die weitere Welt einzufügen.
Drüsen und Organe: Alle Reproduktionsorgane – Eierstöcke, Hoden, Prostata, Genitalien, Bauchhöhle.
Aufgaben: Das Überleben der Spezies durch Reproduktion. Es bestimmt das biologische Sein und beeinflusst das soziale Verhalten, auch die Beziehung zu uns selbst, und wie andere zu uns in Beziehung treten sowie romantische Verbindungen.

Solarplexuschakra

Sanskrit-Name: *Manipura*
Entsprechungen in der Aura: Schicht 2 und 3, emotionaler und geistiger Körper.
Farbe: Gelb
Lage: Zwischen knapp oberhalb des Nabels und knapp unterhalb des Zwerchfells.
Sinn: Sehsinn.
Einsatzgebiet: Es leitet Gefühle, Kreativität und Entscheidungsfindung.
Altersstufe: Es entwickelt sich in der Altersstufe zwischen fünf und acht Jahren, wenn man sich der weiteren Welt bewusst wird und lernt, sich darin einzufügen.
Drüsen und Organe: Verdauungssystem, Pankreas, Nebennieren, Magen, Leber, Gallenblase, Nervensystem, Muskeln.
Aufgaben: Das Verdauungssystem ist verantwortlich für die Verarbeitung der Nahrung und deren Umwandlung in Energie. Die körperliche Funktion beeinflusst die emotionale Ebene sowie die Fähigkeit, körperliche und emotionale Zustände anderer Menschen zu spüren. Der psychologische Begriff dafür ist *außersinnliche Wahrnehmung*. Die Metapher der Verdauung bezieht sich auf die Art, wie der Körper die Energie verwendet und wie er diese Energie für den Seelenzweck einsetzt.

Herzchakra

Sanskrit-Name: *Anahata*
Entsprechung in der Aura: Schicht 4, Astralleib.
Farbe: Grün für das körperliche Herz und manchmal rosa für das höhere Herz.
Lage: Körpermitte unter dem Brustbein, Herznähe.
Sinn: Tastsinn
Einsatzgebiet: Dieses Chakra steht in Verbindung mit dem körperlichen Herz und der Fähigkeit, sich selbst und andere zu lieben. Mit der Zeit kann es an Schwingungen zulegen und sich zum „Höheren Herzchakra" mit der Farbe Magenta-Rosa entwickeln.
Altersstufe: Es entwickelt sich in der Altersstufe zwischen zwölf und sechzehn Jahren, wenn man lernt, andere zu lieben.
Drüsen und Organe: Thymusdrüse, Herz, Blutkreislauf, Arme, Hände, Lunge.
Aufgaben: Die Fähigkeit, bedingungslose Liebe und Mitgefühl für alle zu spüren und zu zeigen. Es verbindet die niederen mit den höheren Chakren sowie den physischen Körper mit dem spirituellen. Es beeinflusst die Empathie für andere, die Beziehung zu uns selbst, und den Sinn für unsere Bestimmung. Arme und Hände strecken sich nach anderen aus und die Lunge nimmt Sauerstoff auf. Das Herz pumpt das Blut in alle Körperteile, es ist also unsere Lebenskraft. Das Chakra verbindet uns mit der vierten Astralschicht der bedingungslosen Gefühle, da es die Brücke zwischen der physischen und de spirituellen Schicht ist.

Halschakra

Sanskrit-Name: *Vishuddha*
Entsprechungen in der Aura: Schicht 3 und 5, geistiger und spiritueller Körper.
Farbe: Türkis.
Lage: Im Hals.
Sinn: Gehörsinn.
Einsatzgebiet: Selbstdarstellung, Vertrauen, Freiheit. Je besser diese Eigenschaften entwickelt sind und je freier man sich ausdrückt, desto türkiser wird das Chakra.
Altersstufe: Es entwickelt sich in der Altersstufe zwischen fünfzehn und zwanzig Jahren, wenn man lernt, sein Selbst auszudrücken.
Drüsen und Organe: Schilddrüse, Nebenschilddrüse, Hypothalamus, Hals, Mund, Nacken, Arme.

Aufgaben: Leitet den Gedankenprozess, den Selbstausdruck, die Sprache und die abstrakte Kreativität und Aktivität. Aus psychischer Perspektive leitet sie die *Hellhörigkeit* – die Fähigkeit, Geisterstimmen zu hören oder deren Worte in Trance auszusprechen.

Stirnchakra (Drittes Auge)

Sanskrit-Name: *Ajna*
Entsprechungen in der Aura: Schichten 5 und 6, spiritueller und himmlischer Körper
Farbe: Indigo
Lage: Mittlere Stirn, zwischen den Augen.
Sinn: Auch bekannt als Chakra des dritten Auges, beeinflusst es keinen bestimmen Sinn, sondern befähigt alle Sinne, auf einem höheren Niveau zusammenzuarbeiten und ermöglicht die Intuition.
Einsatzgebiet: Visionen, Imagination und Verbildlichung.
Altersstufe: Es entwickelt sich im Alter von 21 Jahren oder später, bei einigen Menschen jedoch entwickelt es sich gar nicht.
Drüsen und Organe: Hypophyse, linkes Auge, Nase, Ohren.
Aufgaben: Die geistige Ebene; wo sich die in der Psyche bekannte *Hellsichtigkeit* entwickelt. Sie steht in Verbindung mit der Fähigkeit, Bilder, Muster, Farben und Symbole klar vor dem geistigen Auge erscheinen zu lassen.

Kronenchakra

Sanskrit-Name: *Sahasrara*
Entsprechungen in der Aura: Schichte 6 und 7, himmlischer und Kausalkörper.
Farbe: Violett (es kann auch weiß sein, weil sich häufig alle Spektralfarben verbinden).
Lage: Oben auf dem Kopf bei den Fontanellen, in der Mitte des Gehirns.
Sinn: Keiner der fünf traditionellen Sinne, doch es ermöglicht die Verbindung zur eigenen Seele und zu anderen göttlichen Wesen wie Engel.
Einsatzgebiet: Verbindet und regelt die Funktionen der rechten und linken Hirnhälfte.
Altersstufe: Erwachsenenalter oder nie.
Drüsen und Organe: Epiphyse, Hirnrinde, zentrales Nervensystem, rechtes Auge.
Aufgaben: Leitet die Fähigkeit, die Wahrheit ohne Fakten oder Vernunft zu erkennen. Man glaubt, dass die Seele nach dem Tod den Körper durch das Kronen-chakra

verlässt, andere Kulturen jedoch glauben, dies würde durch das Herzchakra oder auch das Halschakra stattfinden. Seine Aufgabe ist es, uns mit unserem spirituellen Selbst und der spirituellen Ebene zu verbinden. In kleinen Kindern ist dieses Chakra offen, deshalb können sie Dinge sehen, die Erwachsene nicht wahrnehmen. Meist schließt es sich, wenn man älter wird, doch es kann sich im Erwachsenenalter wieder öffnen, wenn man Probleme und Traumata der Kindheit in den niederen Chakren klärt und Schwingungen auf die spirituellen Ebenen hebt.

Wie die Schichten der Aura und die Chakren interagieren

Man vermutet natürlich, dass der Körper das Energiefeld der Aura bildet, doch es ist umgekehrt. Denn schließlich sind wir alle spirituelle Wesen, die zufällig ein physisches menschliches Leben haben. Je gesünder man körperlich ist, desto müheloser fließt die universelle Energie durch uns, und stellt so Harmonie und Ausgeglichenheit im Körper und im Leben her. Diese Energie verbindet sich mit uns durch das Wurzelchakra. Auren und Chakren sind untereinander verbunden und teilen Informationen durch den Energiefluss zwischen ihnen. Die Energie in den Auren reflektiert die Energie in den Chakren, doch die Aura

spiegelt auch die Einflüsse anderer Energien rund um uns wie Sonnenschein, Vögel oder Wasser. Auch andere Menschen beeinflussen unsere Energie, was wiederum durch die Auren auf uns rückgespiegelt wird.

Wenn man glücklich, gesund und ohne Probleme ist, sind die Chakren voll funktionsfähig, klar und mit hellen, glänzenden Auren. In einer solchen Zeit verbringt man ein glückliches, harmonisches Leben im Einklang mit dem Seelenzweck. Leider gilt das für die meisten von uns nicht, und jede Unausgeglichenheit im physischen, emotionalen, geistigen oder spirituellen Körper spiegelt sich in den Chakren und Auren. Deshalb lässt uns die Fähigkeit, Auren zu sehen, zu spüren und zu fühlen, entdecken, wo welche Probleme stecken, auf die man sich konzentrieren muss, und welche Schritte unternommen werden sollten, um sich zu und andere zu heilen.

Die gute Nachricht ist, dass es sehr einfache Mittel und Techniken gibt, die man verwenden kann, um Chakren zu lösen und auszubalancieren sowie die Auren zu reinigen, um ein glückliches und erfülltes Leben zu haben. Wir werden uns später damit beschäftigen, doch in der Zwischenzeit sollten wir unsere Sinne weiter entwickeln, sodass wir dazu kommen, Auren zu sehen, zu spüren und zu fühlen.

✵ ✵ ✵

4

AUREN UND UNSERE SINNE

Lebewesen spüren instinktiv die Auren anderer, und Tiere sind dabei besonders sensibel. Hunde scheinen genau zu wissen, wenn etwas nicht in Ordnung ist. Manchmal „wissen auch wir einfach so", vertrauen diesem inneren Wissen aber nicht notwendigerweise. Häufig mögen wir Menschen, oder lehnen sie ab, wissen aber nicht, warum. Wir spüren, dass jemand unglücklich ist oder sich nicht wohlfühlt, obwohl man keine Anzeichen von Krankheit oder Depression erkennen kann. Natürlich sind manche Menschen diesen Zuständen gegenüber sensibler als andere, doch die meisten sind in gewissem Grade empfänglich für Gefühle und Bedürfnisse. Nun, wie und warum spürt man diese Dinge?

Der sechste Sinn

Es passiert, dass unsere Aura auf die Aura eines anderen trifft und wir spüren, was los ist. Das passiert automatisch und völlig unbewusst und löst das Gefühl aus, dass wir jemanden mögen oder ablehnen. Das führt dazu, dass man sich erkundigt, ob bei jemandem alles in Ordnung ist, oder wegläuft, weil man nicht involviert werden will. Man „weiß es einfach". Doch was ist dieses innere Wissen?

Es hat viele Namen: Bauchgefühl, sechster Sinn, Intuition und sogar mediale Fähigkeit. Alle sind korrekt. Das Gefühl ist eine Kombination der traditionell anerkannten fünf Sinne: sehen, hören, tasten, schmecken und riechen. Der einzige Unterschied ist der Grad der Konzentration und des Vertrauens darauf.

Die meisten Menschen glauben, was sie sehen und erfahren. Sieht man eine verbrannte Stelle auf der Hand, weiß man, dass man etwas Heißes angefasst hat, obwohl dasselbe gilt, wenn man etwas sehr Kaltes angreift – denn auch das kann uns verbrennen, wenn es nur kalt genug ist. Stammt die Verbrennung also von etwas Heißem oder Kaltem? Man weiß das, weil man das Schmerzgefühl mit dem verbindet, was man sah, als man es anfasste – vielleicht einen glühenden Schürhaken. Vielleicht roch man auch verbranntes Fleisch, so weiß man, dass es heiß war. Wäre es kalt gewesen, hätte man vielleicht Eis an den Fingern bemerkt und so gewusst, dass die Verbrennung von etwas Kaltem stammt.

Indem man jeden der fünf Sinne einzeln entwickelt, erhöht man auch die Fähigkeit, Auren zu sehen und zu spüren. Von Geburt an entwickelt und verwendet jeder Mensch seine Sinne, um in der Welt zu überleben. Man lernt, was die unbewussten Zeichen bedeuten: „ Ja, Mama ist gut gelaunt, deshalb kann ich sie um etwas bitten." Oder: „Jetzt lasse ich sie lieber in Ruhe."

Jeder besitzt einen dominanten Sinn – der am schärfsten ist –, doch alle Sinne können mit etwas Übung verbessert werden. Es ist wie bei Muskeln, je mehr man einen Sinn, oder eine Kombination von Sinnen verwendet und ihnen vertraut, desto besser entwickeln sie sich. Das macht eben ein Medium oder empathische Menschen aus, sie trainieren und entwickeln ihre Sinne. Tatsächlich müssen viele Menschen ein scharfes Gespür entwickeln, um eine schwierige Kindheit zu überleben!

Ihr vorherrschender Sinn

Lassen Sie uns Ihren vorherrschenden Sinn entdecken. Sobald Sie ihn gefunden haben, machen Sie bestimmte Übungen, um alle Ihre Sinne zu entwickeln.

Schreiben Sie die Antworten zu folgenden Fragen auf:

- Was hatten Sie zum Frühstück?
- Was war Ihr schönster Urlaub?
- Welchen Teil der Welt würden Sie gern besuchen?
- Wie wird Ihr nächstes Zuhause aussehen?
- Wie fanden Sie die Antworten auf diese Fragen heraus? Kamen Sie als Bilder, Gedanken, Gefühle, Gerüche, eine innere Stimme?

Welche Worte haben Sie verwendet, um Ihre Antworten aufzuschreiben? Sind das Worte des Sehens, Hörens, Fühlens oder Denkens?

- Wen Sie im Geiste Bilder sahen und Worte des *Sehens* verwendeten, dann ist Ihr vorherrschender Sinn das Sehen.
- Wenn Sie eine innere Stimme hörten und Worte des *Hörens* verwendeten, dann ist Ihr vorherrschender Sinn das Gehör.
- Wenn Sie die Dinge spürten und fühlten und *emotionale* Worte verwendeten, dann ist Ihr vorherrschender Sinn das Fühlen.
- Wenn Sie Dinge dachten und Worte des *Denkens* verwendeten, ist Ihr vorherrschender Sinn der Geist. Obwohl Denken nicht Teil der traditionellen fünf Sinne ist, stellt es einen wichtigen Weg dar, wie man die Welt erfährt und versteht, und wir werden es für unsere Zwecke als solchen betrachten.

  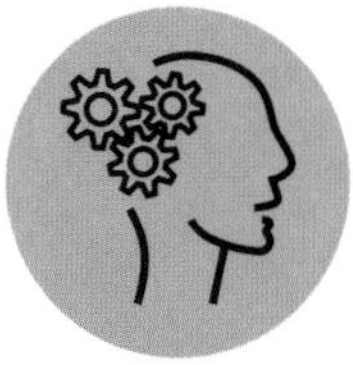 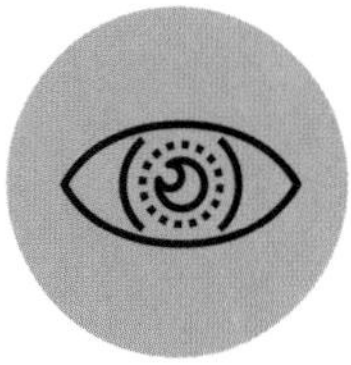

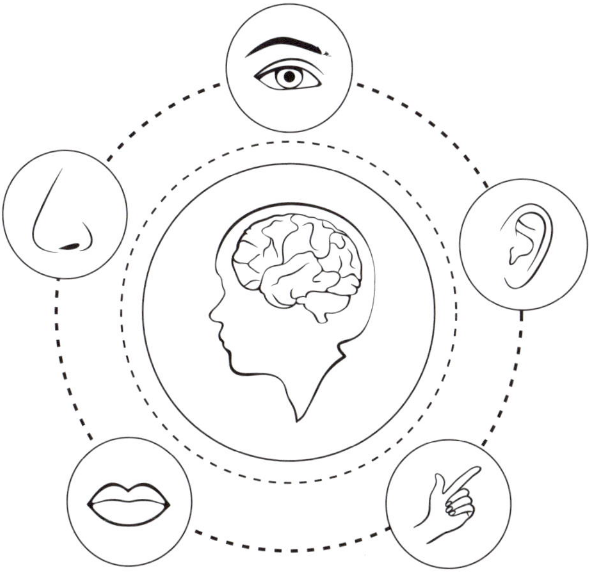

Geruchs- und Geschmackssinn sind wichtig, doch meist nicht so dominant wie das Sehen, Hören, Fühlen oder Denken. Zu üben, verschiedene Nahrungsmittel zu riechen und zu schmecken, wird jedoch diese Sinne verfeinern, und nebenbei werden Sie Mahlzeiten mehr genießen. Tatsächlich können Gerüche und Geschmäcker extrem starke Verankerungen von Erinnerungen und Situationen aus Ihrer Vergangenheit sein.

Tipp

Ihre Kindheitserfahrungen beeinflussen Ihre aktuellen Vorlieben und Abneigungen. Wenn Sie verschiedene Gerüche nicht mögen, fühlen Sie sich vielleicht unwohl und verkrampft, sobald Sie sie riechen.

Natürlich kann man auch mehr als einen Sinn stark entwickelt haben, und wahrscheinlich kombinieren Sie bereits unbewusst zwei oder drei. Die meisten Menschen tun das, doch verschiedene Übungen werden Sie lehren, jeden Sinn einzeln, aber auch alle gemeinsam zu verwenden. Die meisten wollen hellsichtig sein und Dinge „sehen“, denn es ist die am leichtesten verständliche mediale Fähigkeit, doch Ihren vorherrschenden Sinn zu entdecken ist wichtiger. Mit dem Training für jeden Sinn werden Sie entdecken, wie die Sinne zusammenwirken, und lernen, Ihre Aura und die der anderen zu sehen, zu spüren und zu fühlen.

Ihre Sinne entwickeln

Alle Sinne zu verfeinern ist ein wichtiger Teil der Arbeit mit Auren, und je mehr man trainiert, desto besser und genauer werden die Sinne. Je feiner die Sinne abgestimmt sind, desto besser kann man Auren und die darin enthaltenen Informationen spüren. Besonders wichtig bei der Entwicklung jedes einzelnen Sinnes ist sicherzustellen, dass man völlig entspannt und konzentriert ist. Ein schneller Weg, sich zu entspannen, ist, sich einige Augenblicke auf das Atmen zu konzentrieren, was eigentlich schon den Beginn einer Meditation darstellt. Indem man sich auf das Atmen konzentriert, lenkt man die Aufmerksamkeit auf sich selbst und seine Sinne.

Fast jeder verfügt über die Sinne des Sehens, Hörens, Tasten, Schmeckens und Riechens, und für unsere Zwecke fügen wir noch das Denken hinzu. Sie haben bereits Ihren vorherrschen Sinn entdeckt, doch dieser ist nicht für jeden derselbe. Jeder von uns nimmt jede Sekunde des Tages Millionen Bruchstücke an Informationen auf. Die Gehirne mancher Menschen legen die Priorität auf das, was man sieht, andere gehen eher danach, was man hört, spürt oder denkt. Unabhängig davon, welcher Sinn bei Ihnen auf natürliche Weise am stärksten ausgeprägt ist, wird die Entwicklung des sechsten Sinnes durch das Verbessern und Kombinieren aller Sinne erreicht. Das ermöglicht uns, Auren zu sehen, zu spüren und zu fühlen und lässt uns mit ihnen für uns und andere arbeiten, damit wir das Leben auf eine Linie mit dem Seelenzweck bringen, um ein reiches, lohnendes und glückliches Leben zu führen.

Ein weiterer wichtiger Aspekt beim Spüren und Arbeiten mit Auren ist, die Fantasie spielen zu lassen. Wenn man darauf wartet, dass etwas geschieht, dann passiert nur folgendes: Man wartet, und nichts geschieht. Wenn man beginnt, sich Dinge vorzustellen, kann man meist viel mehr sehen und spüren. Zum Beispiel, wenn man die Farbe einer Aura nicht „sehen“ kann: Welche Farbe könnte man sich vorstellen, dass sie hätte? Was immer man sich vorstellt, es hilft der Fähigkeit, etwas zu spüren, über die logische linke Hirnhälfte hinauszukommen. Fantasie hilft, Realität zu erzeugen.

Die folgenden Übungen auszuführen, wird Ihnen helfen, jeden Ihrer Sinne einzeln zu entwickeln, während Sie nebenher lernen, Informationen zu verarbeiten. Sie werden sowohl Ihren vorherrschenden Sinn, als auch alle anderen Sinne schärfen und so Ihren unbewussten Sinnen erleichtern, Informationen an das Bewusstsein weiterzugeben und gleichzeitig Ihre Fähigkeit verbessern, Auren zu sehen, zu spüren, zu tasten, zu schmecken und zu riechen.

Übungen, um Ihren Gesichtssinn zu entwickeln

ÜBUNG 1
STELLEN SIE SICH IHRE AURA VOR

- Stellen Sie sich vor, Sie betrachten sich selbst im Spiegel.
- Stellen Sie sich die Sie umgebende Aura vor und sehen sie sich genau an.
- Wie stellen Sie sich die vorherrschende Farbe vor?
- Blicken Sie dann nach links und rechts.
- Sieht es dort ähnlich oder unterschiedlich aus?
- Wenn es unterschiedlich ist, wie unterschiedlich ist es?
- Blicken Sie dann nach oben und nach unten. Sieht es dort anders aus?
- Wie viele verschiedene Farben gibt es und wie dicht sind Sie?

Sie können diese Übung auch ausführen, indem Sie jedes Ihrer Chakren visualisieren und beobachten, wie sie sich drehen – frei oder träge – und ob sie vielleicht dunkle Stellen aufweisen. Dies ist eine sehr nützliche Übung, um sich selbst durch die Aura und die Chakren zu heilen.

ÜBUNG 2
SELBSTUNTERSUCHUNG

Setzen Sie sich bequem hin und konzentrieren Sie sich auf Ihren Atem, um in eine meditative Stimmung zu kommen. „Betrachten" Sie mit geschlossenen Augen das Innere Ihre Körpers, Teil für Teil, Organ für Organ, und stellen Sie sich vor, wie sie im Inneren aussehen. Vielleicht beginnen Sie auch eine imaginäre Konversation mit Ihren Chakren und Ihrer Aura, um herauszufinden, ob sie etwas brauchen. Manchmal braucht ein Chakra eine bestimmte Farbe, um seine Energie aufzuladen. Bei anderer Gelegenheit möchte es vielleicht mehr geliebt werden. Ihnen und Ihren Chakren sind nur durch Ihre Fantasie Grenzen gesetzt.

ÜBUNG 3
WOLKEN BETRACHTEN

Sehen Sie hinauf in den Himmel und beobachten Sie die Wolken. Welche Formen erkennen Sie?

ÜBUNG 4
WER RUFT AN?

Wenn das Telefon klingelt, schließen Sie, bevor Sie abheben (oder auf das Display schauen), die Augen und stellen Sie sich vor, wer am anderen Ende der Leitung ist. Sie können das sogar tun, bevor das Telefon läutet, und sich vorstellen, wer Sie als Nächstes anrufen wird.

Nehmen Sie wahr, wie Sie die Information bekommen. Sehen Sie im Geiste ein Bild der Person? Hören Sie deren Stimme oder denken Sie einfach an sie? Wie die Antwort auch ausfällt, sie ist ein Hinweis auf Ihren vorherrschenden Sinn.

ÜBUNG 5
AUTOSTEREOGRAMME

Suchen Sie im Internet nach *Autostereogrammen* – 3-D-Bilder aus Punkten –, drucken Sie sie aus und versuchen Sie, ein darin verborgenes Bild zu erkennen.

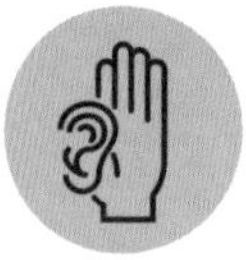

Übungen, um Ihren Gehörsinn zu entwickeln

Für diese Übungen müssen Sie Ihre Augen schließen.

ÜBUNG 1
IM FREIEN

Gehen Sie ins Freie und lauschen Sie. Was hören Sie? Nehmen Sie zuerst die Geräusche wahr, die in Ihrer Nähe sind, dann richten Sie Ihre Aufmerksamkeit auf etwas weiter entfernte Geräusche. Woher stammen Sie? Von Vögeln, Regen, Wind, Bäumen, Verkehr, 5 km weit entfernten Flugzeugen?

Denken Sie daran, dass die Geräusche, die Sie hören, Teil der Energie sind, die Sie umgibt, und das dies Auswirkungen auf Ihre Aura und die Energie hat, die Sie ausstrahlen. Den Vögeln zu lauschen, entspannt Sie vielleicht und bringt Sie zum Lächeln, während das Hupen einen Adrenalinstoß durch Ihren Körper schickt, der Sie aufstehen und aufhorchen lässt, um eine potentielle Gefahr auszumachen.

Die Energien um uns, die in den Geräuschen gespiegelt werden, finden ihren Widerhall in unserer Aura. Sogar Töne, die unter oder über unserer normalen Hörschwelle liegen, werden von den Auren absorbiert und verarbeitet.

ÜBUNG 2
DIE SINNE ANDERER MENSCHEN

Wenn Sie das nächste Mal mit einer Person sprechen, achten Sie darauf, wie sie spricht. Können Sie den dominanten Sinn identifizieren? Welche Worte werden verwendet – des Sehens, des Hörens oder des Fühlens? Machen Sie das mit mehreren Personen.

Dies ist eine sehr nützliche Übung, wenn Sie die Aura einer anderen Person lesen wollen. So können Sie sicherstellen, dass sie versteht, was Sie sagen, weil Sie in deren Art kommunizieren und nicht in Ihrer eigenen. Das macht es für sie leichter zu verstehen und zu akzeptieren, was Sie ihr mitteilen. Es ist auch extrem nützlich, um Missverständnissen innerhalb der Familie, unter Freunden und Kollegen und vor allem in besonders wichtigen Liebesbeziehungen zu vermeiden.

ÜBUNG 3
HÖREN SIE SICH SELBST ZU

- Setzen Sie sich bequem hin und konzentrieren Sie sich auf das Körperinnere.
- Achten Sie auf das, was Sie hören. Knurrt vielleicht Ihr Magen? Wenn dem so ist, haben Sie Hunger oder Blähungen?
- Hören Sie Ihren Herzschlag? Ist er regelmäßig oder erratisch? Was sagt Ihnen das?
- Rauscht es in den Ohren?
- Hören Sie ein hohes Summen? Viele Leute, die den Gehörsinn von Natur aus öfter verwenden, hören gelegentlich dieses hohe Summen, das über der normalen menschlichen Hörschwelle liegt. Die Schwingen kommen aus höheren Dimensionen. Wenn Sie es nicht hören können, machen Sie sich keine Sorgen; mit der Zeit und mit Training wird es Ihnen gelingen.

Diese Übung hilft Ihnen, sich Zeit zu nehmen, die inneren Vorgänge wahrzunehmen. Wenn Sie oft genug üben, werden Sie immer mehr wahrnehmen und damit mehr Informationen über Ihre eigene Aura und die der anderen zu sammeln können.

Übungen, um Ihr Gefühl zu entwickeln

Wie vorhin erwähnt, ergibt die Kombination unserer fünf Sinne den sogenannten sechsten Sinn, der nichts anderes ist, als gut entwickelte fünf Sinne, die zusammenarbeiten. Man kann den sechsten Sinn dazu benützen, Auren zu erkennen, wenn man Zeit und Mühe aufgewendet hat, um die fünf Sinne zu verbessern und zu lernen, wie sie mit uns kommunizieren. Schließlich werden die Informationen aller Sinne vom Gehirn in Mikrosekunden verarbeitet, was sich dann als „Gefühl" ausdrückt. Einiges davon versteht man, anderes nicht. Wir „wissen einfach", doch wir wissen nicht genau, wie das geschieht. Dieser Zustand wird meist Intuition oder mediale Fähigkeit genannt.

ÜBUNG 1
FÜHLEN SIE SICH SELBST

Setzen Sie sich bequem hin und konzentrieren Sie sich auf das Körperinnere. Was fühlen Sie? Beginnen Sie oben beim Kopf und arbeiten Sie sich nach unten zu den Zehen. Wenn es hilft, können Sie auch den Körperteil, den Sie gerade spüren, berühren und wahrnehmen, wie es sich anfühlt. Welche Sinneseindrücke erfahren Sie im Körper, aber auch in Ihren Händen?

ÜBUNG 2
ILLUMINATION

Stellen Sie sich vor, weißes Licht strömt durch Ihre Stirn und durchläuft den Körper. Nehmen Sie wahr, wie es sich anfühlt. Fließt es frei oder gibt es Teile in Ihrem Körper, wo es zu stocken scheint? Wenn dem so ist, nehmen Sie es wahr und fragen sie unter Umständen, was das Stocken auslöst oder was nötig ist, um das Licht wider zum Fließen zu bringen.

Denken Sie daran, dass alle Blockaden, die Sie in ihrem Körper spüren, in Ihrer Aura reflektiert werden. Später werden wir Übungen innerhalb der Aura durchführen, um diese Blockaden sowohl in der Aura, als auch im Körper zu entfernen.

ÜBUNG 3
ARBEIT MIT KRISTALLEN

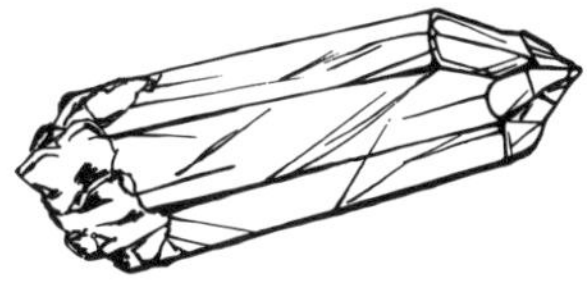

- Nehmen Sie einen Kristall (siehe S. 112–117 wie man Kristalle mit Auren verwendet) und halten Sie ihn in der Hand. Schließen Sie die Augen und nehmen Sie wahr, was Sie fühlen. Ist er kalt? Warm? Sendet er Schwingungen aus? Wenn dem so ist, wie fühlen sich die Schwingungen an? Spüren Sie sie nur in der Hand oder über das Handgelenk im ganzen Arm?
- Versuchen Sie verschiedenen Kristalle. Wie fühlen sie sich an? Wo liegen die Unterschiede?

Machen Sie Notizen und nehmen Sie, nachdem Sie mit mehreren Steinen geübt haben, in jede Hand einen anderen Kristall, damit Sie beginnen, die verschiedenen Energien wahrzunehmen. Alles auf der Welt hat Schwingungen. Die Wissenschaft sagt uns, nichts sei fest. Materie besteht aus Trillionen Atomen, die in verschiedenen Frequenzen vibrieren, was man unterschiedliche Dichte nennt. Alles ist Energie, ob man sie sieht, empfindet oder fühlt. Man kann heiß oder kalt nicht sehen, und doch weiß man, ob etwas heiß oder kalt ist, wegen des Gefühls und der früheren Erfahrungen. Technisch sieht man Licht nicht, doch man weiß, dass es Licht ist, denn wenn es dunkel ist, sieht man nichts. Wenn Sie Dinge wie Kristalle durch Tasten in ihrer körperlichen Form erleben, werden Sie dieselben Schwingungen bemerken und wiedererkennen, wenn Sie Auren spüren, die Ihnen etwas sagen wollen.

ÜBUNG 4
ARBEIT MIT FARBEN

Jede Farbe hat ihre eigenen Vibrationen, und Farben in einer Aura zu spüren ist sehr wichtig – besonders wenn das Fühlen Ihre dominante Art ist, Informationen zu verarbeiten. (Doch denken Sie daran, dass nicht jeder Mensch ein Hellseher ist, auch wenn man viel trainiert. Lesen Sie auch in Kapitel 6, wie man Farben und Auren verwendet.)

- Sammeln Sie einige Umschläge oder Säckchen sowie Dinge wie Papier oder Bändchen in verschiedenen Farben.
- Legen Sie jedes Ding in einen Umschlag oder ein Säckchen und bringen Sie sie so durcheinander, dass Sie nicht mehr wissen, was sich worin befindet.
- Nehmen Sie eines und halten Sie es nah am Körper zwischen den Händen.
- Schließen Sie die Augen, konzentrieren Sie sich au die Energie zwischen den Händen.

- Was empfinden Sie?
- Wie fühlt es sich an?
- Welche Farbe könnte es haben?
- Halten Sie nun jeden Umschlag 15 bis 30 cm entfernt vor Ihrem Körper und nehmen Sie wahr, was Sie in Ihren Händen fühlen. Alternativ können Sie die Umschläge vor sich auf den Tisch legen und Ihre Hände 15 bis 30 cm darüber halten und wahrnehmen, was Ihre Hände fühlen.
- Spüren Sie ähnliche Schwingungen wie bei einer der Farben vorher?
- Wenn dem so ist, ist das vermutlich die Farbe des Teiles Ihrer Aura, die bei dieser Entfernung sehr wahrscheinlich entweder die zweite Schicht (der emotionale Körper) oder die dritte (geistiger Körper) Ihrer Aura ist.

ÜBUNG 5
ACHTSAME MAHLZEITEN

Man kann auch den Geschmacks- und Geruchssinn entwickeln. Wenn Sie eine Mahlzeit zubereiten, nehmen Sie wahr, wie sich jedes Gemüse anfühlt, wie es riecht, und nach dem Kochen, konzentrieren Sie sich auf den Geschmack jedes einzelnen Bissens. Nehmen Sie wahr, wie er sich in Ihrem Mund anfühlt, wie er schmeckt und wie er sich mit dem Kauen verändert. Versuchen Sie diese Übung mit vielen verschiedenen Nahrungsmitteln und Getränken. Sie werden nicht nur entdecken, was sie am meisten mögen, sondern auch das Essen mehr schätzen. Sie werden vermutlich auch besser kauen und so aus jeder Mahlzeit mehr herausholen. Damit verbessern Sie nicht nur Ihre Gesundheit, sondern halten gleichzeitig auch Diät.

Nehmen Sie auch die Erinnerungen wahr, die mit jedem Geruch oder Geschmack auftauchen. Das wird Ihnen helfen, die Bereiche potentieller Traumata der Vergangenheit zu identifizieren, die eventuell zu Krankheiten oder Unausgeglichenheit in Ihrer Aura und Ihrem Körper führen könnten.

Der Zweck dieser Übung ist, den Geschmacks, und Geruchssinn zu verfeinern, denn wenn Sie die Aura einer Person lesen, werden Sie vielleicht auch einen bestimmten Geruch oder Geschmack wahrnehmen, der an sich vielleicht nichts bedeutet, Ihnen vielleicht aber andrerseits viel verraten könnte. Das gilt insbesondere für einen metallischen Geschmack, der bedeutet, dass die Person, deren Aura sie spüren, zusätzliche Mineralstoffe für ihre Gesundheit braucht oder eine künstliche Hüfte oder Knie hat. Ein Geschmack von Kupfer an einer Unfallstelle könnte ein Hinweis auf innere Blutungen sein.

Informationen, wie man Auren mit Nahrung heilen kann, stehen auf Seite 127.

Übungen, um das Denken zu entwickeln

Klares Denken (Hellsehen) beeinflusst alle Gefühle und ist Teil des unbewussten „Wissens“. Alles, worüber man nachdenkt, hat Auswirkungen darauf, wie man sich fühlt, und auf die von der Aura reflektierte Energie. Bei vielen Menschen tritt die Intuition als Gedanken oder Aufblitzen von Einsichten auf, die wie aus dem Nichts aufzutauchen scheinen, jedoch tatsächlich unbewusste Gedanken sind, die zu bewussten werden. Was man unbewusst von einer Aura spürt, wird zu einem Gedanken, der in die rechte, kreative Hirnhälfte eintritt. Man „weiß“ etwas, ohne zu wissen, warum man es weiß. Erinnerungen andrerseits kommen aus der linken Hirnhälfte. Denken und das Kontrollieren von Gedanken wird Ihnen helfen, die Fantasie und das Vertrauen in Ihre eigenen Gedanken zu entwickeln – was Sie brauchen, um Auren zu lesen und mit ihnen zu arbeiten.

ÜBUNG 1
SORGEN

Die meisten Menschen machen sich von Zeit zu Zeit Sorgen über Dinge, doch was erreichen Sorgen eigentlich bei den Menschen, außer die Energie zu mindern und die Auren stumpf zu machen? Tatsächlich, wenn man darüber nachdenkt, sind Sorgen nur unsere Fantasie, die sich auf all die Dinge konzentriert, die schiefgehen könnten. Glücklicherweise kann man diese negative Energie in etwas Positives umwandeln.

- Denken Sie an etwas, das Ihnen in letzter Zeit Sorgen bereit hat.
- Machen Sie eine Liste mit all den Dingen, die „schiefgehen“ könnten.
- Was wäre das schlimmste Ergebnis?
- Wie stehen die Chancen, dass dieses wirklich eintritt?
- Wenn Sie möchten, machen Sie einige Notfallpläne, sollte dies eintreten.
- Denken Sie nun daran, wie es „richtig“ laufen könnte.
- Was wäre das beste Ergebnis?
- Wie stehen die Chancen, dass dieses wirklich eintritt?
- Was könnten Sie unternehmen, um das wahrscheinlich positivste Ergebnis zu erzielen?

Wenn Sie ins Stocken geraten, denken Sie daran, was Sie einem Freund mit denselben Problemen sagen würden. Nehmen Sie wahr, wie Sie damit die gesamte Realität in einem einzigen Augenblick verändern.

ÜBUNG 2
STRESS UND ANGST

Wenn Sie gestresst, sorgenvoll oder ängstlich sind, denken Sie einen Augenblick daran, wofür Sie im Leben dankbar sind. Vielleicht ist es etwas Einfaches wie Sonnenschein, oder die Tatsache, dass Sie ein Dach über dem Kopf haben, im Gegensatz zu so vielen auf der Welt. Oder noch besser, denken Sie an Ihre guten Eigenschaften – Mitgefühl und Empathie, Fähigkeit zu lesen, zu lernen und neue Dinge zu erfahren. Oder vielleicht an etwas Gutes, das Sie gerne im Leben hätten – das kann so etwas Großes wie ein langer Urlaub oder ein neuer Job sein, oder etwas Kleines wie ein Eis. Konzentrieren Sie sich darauf, ein paar Minuten daran zu denken. Wie wäre es, wenn Sie sich selbst etwas schenken? Verdient hätten Sie es ja.

ÜBUNG 3
FANTASIE

Ihre Fantasie zu entwickeln, ist entscheidend für die Aura-Arbeit, und diese Übung wird Ihnen helfen, Ihr geistig kreatives Geschick zu verbessern.

- Stellen Sie sich vor, wie es wäre, ein Rindvieh zu sein – wie würde sein Leben aussehen?
- Welche Art von Wesen wären Sie? Ein Bulle, eine Milchkuh, oder vielleicht ein Kalb?
- Denken Sie nach, wie diese Tiere leben.
- Sind Sie sind glücklich, ein Rindvieh zu sein? Oder wären sie lieber ein Pferd oder eine Ziege?
- Glauben Sie, dass die einzelnen Tiere sich mit manchen Mitgliedern der Herde besser verstehen als mit anderen?
- Machen Sie sich Sorgen über das Morgen?
- Was würden Sie sagen, wenn sie sprechen könnten?

Machen Sie ein paar Notizen darüber, was Sie daraus gelernt haben, eine Kuh zu sein, und wie Sie das neue Wissen in Ihr Leben integrieren könnten.

ÜBUNG 4
ACHTSAME MEDITATION

- Machen Sie sich es bequem und konzentrieren Sie sich auf das Atmen.
- Nehmen Sie die Temperatur der Luft wahr, die durch die Nase einatmen sowie deren Temperatur, wenn sie durch den Mund ausströmt.

- Atmen Sie ganz natürlich und nehmen Sie wahr, ob Sie über die Brust oder über den Bauch atmen.
- Verbringen Sie einige Zeit auf Ihr Atmen konzentriert und nehmen Sie nur war, welche Gedanken Ihnen durch den Kopf gehen.
- Folgen Sie Ihren Gedanken, um zu sehen, wohin sie führen.
- Beobachten Sie Ihre Gedanken, aber urteilen Sie nicht, denn es sind nicht gute oder schlechte Gedanken – sie sind nur da.
- Wenn es möglich ist, nehmen Sie wahr, woher sie kommen. Scheinen sie aus der linken oder der rechten Hirnhälfte zu kommen? Oder beginnen sie irgendwo in Ihrem Körper, bevor sie in den Geist aufsteigen?
- Richten Sie die Aufmerksamkeit wieder auf Ihren Atem, öffnen Sie langsam die Augen und kommen Sie in die Außenwelt zurück.

ÜBUNG 5
ACHTSAMKEIT

Diese Übung hilft Ihnen zu sehen, wie Gedanken Gefühle beeinflussen.

- Denken Sie ein paar Augenblicke an eine Zeit in Ihrem Leben, die sie lieber vergessen würden.
- Nehmen Sie wahr, wie Sie sich fühlen. Geben Sie acht auf Ihre Physiologie.
- Denken Sie darüber nach, wie Sie stehen oder sitzen. Sind Sie zusammengesunken oder bucklig?
- Wenn dem so ist, richten Sie sich auf, lächeln Sie und nehmen Sie wahr, wie sich das auf Ihre Gefühle auswirkt.
- Welche Gedanken gehen Ihnen jetzt durch den Kopf?

ÜBUNG 6
GELERNTE LEKTIONEN

Überlegen Sie, wie viel Sie bis jetzt über Auren und Energie erfahren haben. Was hatten Sie sich erhofft, als Sie dieses Buch zum ersten Mal in der Hand hielten. Reflektieren Sie die gerade gemachten Übungen. Welche fanden Sie leicht, welche fielen Ihnen schwer? Überlegen Sie, wie Sie dieses Wissen verwenden werden und welche positiven Ergebnisse sich daraus ergeben, wenn Sie diese Lektionen in die Praxis umsetzen. Und wie viel mehr sie erreichen können, wenn Sie dieses Buch zu Ende lesen. Welche Einsichten über sich selbst haben Sie bereits gewonnen? Machen Sie Notizen, auf die Sie später wieder zurückgreifen können.

❋ ❋ ❋

5

AUREN SPÜREN

Je mehr Sie üben, desto besser werden Sie die Energien rund um Sie sehen und spüren, insbesondere die Auren anderer. Sollten Sie das Gefühl haben, es anfangs nicht zu schaffen, machen Sie sich keine Sorgen, machen Sie einfach weiter. Wenn Sie nach einiger Zeit immer noch das Gefühl haben, nicht weiterzukommen und niemals eine Aura sehen oder spüren werden können, geben Sie nicht auf. Es bedeutet nur, dass Sie Ihre Fantasie mehr einsetzen müssen. Stellen Sie sicher, dass Sie Ihre Fantasie trainieren, denn sehr oft ist das, was man imaginiert, das was man unbewusst fühlt. Das Training der Fantasie wird Ihnen helfen Unbewusstes bewusst werden zu lassen.

Die Bedeutung der Fantasie

Unterschätzen Sie nicht die Macht des Unterbewussten, Dinge zu spüren. Ein gutes Beispiel dafür ist, wenn Sie auf ein Telefon starren, während Sie eine Straße überqueren wollen und plötzlich einen Schritt zurücktreten, weil Ihre Sinne Sie vor einem herannahenden Bus warnen, der Sie überfahren hätte, wären Sie vom Bordstein getreten. Die Realität hinter dieser unbewussten Handlung ist, dass Sie abgelenkt waren und daher den Bus nicht hörten, doch als er in Ihr Aurenfeld kam, traten Sie instinktiv einen Schritt zurück, um dem Schaden auszuweichen.

Trotz solcher Erfahrungen misstrauen wir unseren Sinnen oft und beginnen zu rationalisieren. Wie oft dachten Sie schon, dass Sie etwas gehört hätten, und schoben es auf Ihre Fantasie, um dann zu bemerken, dass Sie wirklich etwas *gehört haben.* Oder wenn Sie etwas aus dem Augenwinkel bemerkten und es weg rationalisierten.

Wir leben in einer dreidimensionalen Welt und wir sehen und berühren körperliche Dinge. Wir lernten, dass, wenn man Dinge nicht sehen oder berühren kann, sie nur in unserer Fantasie bestehen. Aber was ist mit Sauerstoff oder Kohlendioxyd? Man kann sie nicht sehen, aber die Wissenschaft sagt uns, dass es sie gibt. Nun, dasselbe gilt auch für Auren, die auf einer höheren Frequenz als physikalische Körper schwingen, und deshalb ist es nicht so einfach, sie zu sehen, doch das bedeutet nicht, dass sie nicht existieren.

Wenn Leute lernen, ein Medium zu werden, fragen Sie oft, wie man erkennen kann, ob die Gedanken, die in den Köpfen auftauchen, aus der Fantasie stammen, oder ob sie real sind. Wenn sie in der Fantasie vorhanden sind, *sind* sie real, denn sie sind die Energie der esoterischen Welt – die ätherische Energie und der Geist. Wenn Sie sich zum Beispiel vorstellen, dass es eine Blockade in jemandes Aura gibt, bedeutet das nicht, das es falsch ist, weil Sie es sich nur vorstellen. Es heißt nur, dass Sie lernen, Ihren unbewussten Sinn zu nützen.

Die Fantasie zu entwickeln und ihr zu vertrauen ist lebenswichtig, um mit Auren zu arbeiten und Farben zu sehen. Sagen wir, Sie betrachten eine Farbe und stellen sich etwas vor, dass diese Farbe ist; zum Beispiel, wenn Sie eine Orange imaginieren, dann ist die Farbe, die Sie spüren orange. Oder Sie spüren gelb, dann imaginieren Sie vielleicht eine Zitrone. Wenn Sie sich einen blauen Himmel oder ein blaues Meer vorstellen, dann sind das die Farbschattierungen, die Sie spüren. Wenn Sie eine Farbe sehen oder sich vorstellen, ist das eine Farbe innerhalb Ihrer Aura. Wenn Sie Ihre Fantasie der unsichtbaren Welt öffnen, wird sie sich intuitiv auf die Aura übertragen und alltägliche Dinge verwenden, um Ihnen zu zeigen Ihnen, was Ihr eigenes Unbewusstes aufgeschnappt hat.

Gedankenformen

Gedankenformen sind eine Kombination von Erinnerungen und Imagination. Sie liefern Grundlagen für neue Einsichten, Entscheidungen und kreative Akte und helfen auch, ein Gefühl in etwas zu übertragen, das man verstehen und artikulieren kann.

Wenn das Gehirn die Millionen Informationen, die unsere Sinne aufgreifen, absorbieren und sortieren, vergleichen sie diese mit der Datenbank an Informationen, die aus vergangenen Erfahrungen und Wissen abgespeichert sind. Eine visuell ausgerichtete Person wird vor dem geistigen Auge farbige geometrische Muster, bewegte Bilder oder Eindrücke, die wie Bilder, die kaum wahrnehmbar über einen Bildschirm huschen, sehen. Das geschieht ununterbrochen während unseres ganzen Lebens. Es ist ein Teil davon, wie man Informationen verarbeitet sowie Teil des psychischen Selbst.

Wie man Auren sieht, spürt oder fühlt

Es gibt viele Arten, Auren zu sehen, zu spüren und zu fühlen, aber je mehr man trainiert, desto leichter wird es. Ich schlage vor, Sie versuchen die folgenden Übungen, um herauszufinden, was Ihnen am leichtesten fällt. Um Zugang zu Ihrem sechsten Sinn zu erlangen, müssen Sie ganz entspannt sein, beinahe in einem Zustand des Tagträumens, aber noch bei Bewusstsein. Sollten Sie Erfahrung mit Meditation haben, versetzen Sie sich mit der üblichen Methode in einen meditativen Zustand. Wenn nicht, atmen Sie ein paar Mal tief durch, um sich zu entspannen, und stellen Sie sich vor, dass Sie tagträumen. Denken Sie daran, Ihre Fantasie zu benützen – sie ist enorm wichtig, wenn man Auren fühlen will und versucht, sie zu heilen.

ÜBUNG 1
WIE MAN EINE AURA IN ZEHN MINUTEN SIEHT

Der leichteste und schnellste Weg, Auren sehen zu lernen, ist mit Freunden.

- Lassen Sie die Person bequem in einem Stuhl vor einer leeren, hellen Wand Platz nehmen. Wenn es keine helle Wand gibt, hängen Sie ein weißes Leintuch auf.
- Setzen Sie sich mindestens zehn Schritte entfern bequem auf einen Stuhl.
- Schließen Sie die Augen und sammeln Sie sich mit drei tiefen Atemzügen.
- Öffnen Sie die Augen und starren Sie auf die Aussparung zwischen dem Kopf und der Schulter der Person. Lassen Sie den Blich weich werden und stellen Sie sich vor, Sie sehen durch die Person hindurch auf die Wand.
- Starren Sie weiter und erlauben Sie, dass das Bild an den Umrissen verschwommen und unscharf wird.
- Schließlich wird die Aura erscheinen. Zu Beginn sieht sie vielleicht wie Hitzeflimmern aus, doch mit ein wenig Übung, werden Sie bemerken, ob sie auf einer Seite stärker ausgeprägt ist als auf der anderen, oder ob Farben aufscheinen, und wenn ja, welche und wo sie sich befinden.

Tipp

Wenn Sie sich jemals ein Autostereogramm (ein Bild aus Punkten, in dem eine 3-D-Form versteckt ist) angesehen und das Bild darin gefunden haben, wird Ihnen diese Übung leicht fallen. Wenn Sie keine Freunde zur Hilfe haben, suchen Sie 3-D-Bilder im Internet und über auf diese Weise.

ÜBUNG 2
WIE MAN DIE FARBE EINER PERSON SPÜRT

Das nächste Mal, wenn Sie bei einem langweiligen Vortrag oder Meeting sind, starren Sie jemanden im Raum für einige Minuten an und schließen dann die Augen. Sie werden die Umrisse der Person hinter Ihren Augenlidern sehen. Welche Farbe oder Farben umgeben das Bild? Die Farbe, die Sie sehen, ist die vorherrschende Farbe der Aura der Person.

Man kann auch die eigene vorherrschende Aura-Farbe entdecken, indem man sich selbst im Spiegel anstarrt und eine der beiden vorherigen Übungen ausführt.

Wenn Sie keine Vorträge oder Meetings besuchen und keine willige Freunde oder Partner zum Üben haben, wählen Sie ein lebendes Ding – Haustier, Baum, irgendetwas vor einem hellen oder dunklen, einfarbigen Hintergrund – und machen die beiden vorigen Übungen. Wenn Sie Glück haben, werden Sie Farbe sehen, seien Sie aber nicht enttäuscht, wenn nicht. Sollten Sie nie Farben sehen, können Sie auch eine Aurenkamera kaufen, die sie bestimmt aufzeigen wird.

Vergessen Sie nicht, Übung macht den Meister, und erwarten Sie nicht zu viel von sich selbst. Je öfter Sie die Übungen machen, desto besser werden Sie dabei.

ÜBUNG 3
WIE MAN SEINE EIGENE AURA FÜHLT

Sitzen oder stehen Sie bequem, atmen Sie ein paar Mal tief durch und reiben dann Ihre Hände kräftig aneinander. Halten Sie die Hände weit auseinander und führen Sie sie dann langsam zusammen. Dabei werden Sie die Energie zwischen Ihren Händen wahrnehmen. Vielleicht kribbeln sie oder prallen vom Energiefeld ab. Wenn Sie dieses durchdrungen haben, wird es verschwinden.

ÜBUNG 4
WIE MAN DIE AURA EINER ANDEREN PERSON FÜHLT

Für diese Übung brauchen Sie eine zweite Person. Lassen Sie sie am anderen Ende des Raumes mit dem Rücken zu Ihnen aufstellen. Entfernen Sie sich so weit wie möglich und gehen dann langsam mit ausgestreckten Händen auf ihn zu und lassen Sie Ihre Hände die Energie vor sich spüren. Sie werden wissen, wenn Sie die Aura des Partners erreicht haben, wenn Ihre Hände zu kribbeln beginnen oder wenn der Partner sich instinktiv umdreht.

Auren unterscheiden sich in Größe, Form, Dichte, Farbe etc., deshalb gibt es keine richtige Entfernung bei dieser Übung. Man kann dem Partner auch sagen, er solle sich umdrehen, wenn er spürt, dass man in sein Energiefeld kommt. Sie selbst müssen vielleicht näher hin oder weiter weg gehen, um die Energie zu spüren. Ein weiterer Schritt ist, den Partner zu bitten, sich vorzustellen, seine Aura ein paar Zentimeter in den Körper einzuatmen, und dann die Übung zu wiederholen, um zu sehen, wie viel näher Sie kommen müssen, bevor Sie etwas spüren oder der Partner sich umdreht.

Sie können ebenfalls Ihre Aura einatmen, wenn Sie in einem überfüllten Zug das Gefühl haben, jemand dringt in Ihren persönlichen Raum ein, insbesondere, wenn Sie nicht ausweichen können. Stellen Sie sich vor, Sie atmen Ihre Aura so ein, dass sie nur mehr ein paar Zentimeter rund um sie aufscheint, oder imaginieren Sie eine harte Hülle rund um sie, die Ihre Energie vor anderen Menschen schützt.

Sie können dieselbe Übung mit einer Pflanze oder einem Baum machen, aber denken Sie daran, dass Energiefelder von Pflanzen und Bäumen ganz anders sind als menschliche. Sie sind viel subtiler und daher schwerer zu spüren. Die Aura einer Pflanze umgibt diese meist viel näher als die einer Person, während die eines Baumes viel größer sein kann.

ÜBUNG 5
AUSPENDELN

Man kann Auren auch spüren, indem man sie auspendelt – einfach mit einem Gewicht an einer Schnur. Sie können selbst eines aus einer Schraube oder einem Nagel und einer Schnur, oder aus einem Stück Holz an einer Kette basteln, oder ein Pendel aus Kristall kaufen.

Üben Sie zuerst, die Chakren innerhalb der Aura zu fühlen. Sie sind die stärksten Energiequellen und deshalb am leichtesten erfahrbar. Die Energieunterschiede der verschiedenen Chakren sind leichter auszumachen als die Schichten einer Aura und werden Ihnen schon eine Menge darüber verraten, was in den vier Körpern einer Aura von Mensch oder Tier vor sich geht. Sobald sie die Chakrenenergien fühlen, können Sie mit dem Pendel oder nur mit den Händen die subtileren Energien der Aura spüren und letztlich sogar die verschiedenen Schichten unterscheiden lernen.

Wählen Sie eine Person, Pflanze oder Tier und halten Sie das Pendel am Ende der Schnur oder Kette, sodass das Gewicht nach unten hängt. Bleiben Sie so ruhig wie möglich und bewegen Sie das Pendel auf das Subjekt zu. Sobald das Pendel auf die Aura trifft, wird es anfangen zu vibrieren, zu schwingen oder sich zu bewegen. Sie können dann das Pendel vorsichtig herumführen, um die Größe und die Form der Aura zu erkennen. Sie können das Pendel sogar dazu bringen, die verschiedenen Schichten der Aura zu unterscheiden, indem Sie es in verschiedener Entfernung halten und sehen, wie es sich verhält. Je näher Sie dem Objekt kommen, desto stärker wird es schwingen. Je weiter Sie sich in der äußeren Astralschicht bewegen, desto sanfter wird das Schwingen der Energie ausfallen. Jeder Mensch und jedes Pendeln reagiert anders. Durch das Experimentieren werden Sie herausfinden, wie es für Sie am besten funktioniert. Bei manchen wird das Pendel vor- und zurückschwingen, oder von Seite zu Seite, bei anderen wird es scheinbar stillstehen und nur leicht vibrieren. Man kann diese Übung auch ausführen, indem man in der Nähe einer Person beginnt und sich dann langsam entfernt, um zu sehen, wie sich das Pendel verhält.

Wenn Sie mit einer Person arbeiten, bitten Sie sie, sich niederzulegen. Halten Sie dann das Pendel über die ungefähre Stelle eines Chakras und warten Sie, wie es reagiert. Am leichtesten ist es, mit dem Solarplexuschakra zu beginnen, das knapp über dem Nabel liegt, und dann das Herz- oder Halschakra auszuprobieren. Wenn das Pendel kräftig ausschwingt, arbeitet das Chakra gut, wenn es sich langsam bewegt, ist das Chakra blockiert. Vielleicht schwingt das Pendel bei verschiedenen Chakren auch in unterschiedliche Richtungen. Es kommt bei Chakren häufig vor, dass sich die einen gegen, die anderen im Uhrzeigersinn drehen.

Es gibt bei den Chakren keine richtige oder falsche Richtung für die Drehungen, sie machen einfach, was sie wollen, doch die Richtung kann ein Hinweis darauf sein, wo sich die Person auf ihrer spirituellen Reise befindet. In den meisten Fällen drehen sich die Chakren am Beginn der Reise alle in dieselbe Richtung, wobei die niederen offener beginnen als die höheren. Mit der Weiterentwicklung der Person, beginnt jedes Chakra sich in die Richtung zu drehen, die ihm gefällt. Die, die offen und klar sind, werden sich schnell drehen, die, die geschlossen und blockiert sind, werden träge sein. Das sind wichtige Übungen, denn ein Pendel mit der Aura zu verwenden, ist ein gutes Mittel, die Aura zu reinigen und zu heilen – doch mehr darüber später.

Wenn jemand völlig offen und ziemlich ausgeglichen ist, wird sich das Kronenchakra in einer anderen Art drehen, manchmal in dem Muster einer Blume des Lebens oder eines 12-zackigen Sterns. Beides ist selten, und meiner Erfahrung nach findet man die Blume des Lebens bei Indigo-Kindern (siehe Seite 65) und den 12-zackigen Stern bei Autisten.

Tipp

Nicht jeder kann mit einem Pendel umgehen, deshalb sorgen Sie sich nicht, wenn Ihr Pendel auf Chakren nicht reagiert. Verwenden Sie stattdessen Ihre linke Hand. Man verwendet deshalb die linke Hand, weil die linke Körperhälfte von der rechten, intuitiven Hirnhälfte regiert wird; deshalb spüren die meisten Menschen mehr in der linken Hand als in der rechten, die sich besser für logische Dinge, wie Schrift und Mathematik eignet. Sind Sie Linkshänder, verwenden Sie trotzdem Ihre linke Hand, denn das bedeutet, dass Ihre Intuition wahrscheinlich schon hoch entwickelt ist.

Wenn Sie überzeugt sind, dass Sie die Chakren fühlen, bewegen Sie das Pendel oder Ihre Hand, um die Aura aufzuspüren und zu beginnen, die subtilen Veränderungen innerhalb der vier Hauptschichten auszupendeln: die ätherische Schicht, die niedere und die höhere Astralschicht sowie die spirituelle Schicht.

Egal, ob Sie mit einem Pendel oder mit Ihren Händen arbeiten, Sie können Sie in verschiedenen, geeigneten Abständen halten, sodass Sie die subtilen Bewegungen zwischen den sieben Schichten der Aura wahrnehmen können.

ÜBUNG 6
SICH ZEIT NEHMEN

Das nächste Mal, wenn Sie sich mit Freunden treffen, setzen Sie sich für einen Augenblick still hin und konzentrieren Sie sich auf das, was sie bei ihnen fühlen oder spüren. Wie fühlen sie sich für Sie an? Wie ist ihre Stimmung? Sind sie glücklich, sorgenvoll, gestresst . . . ? Nehmen Sie wahr, was Ihnen in den Sinn kommt, fragen Sie dann, wie sie sich fühlen und vergleichen Sie, wie genau Sie lagen. Man kann diese Übung auch mit einem Fremden machen, doch am besten gelingt sie mit jemandem, den man kennt, und der Ihnen eher die Wahrheit sagt, als einfach nur „danke, mir geht es gut“.

Andere Wege, um Auren zu sehen

Wenn Sie nicht das Glück haben, Auren mit den vorgestellten Übungen zu sehen, gibt es auch Hilfsmittel, die man ausprobieren kann.

Aura-Brillen

Aura-Brillen funktionieren so, dass sie 95% des Farbenspektrums herausfiltern und sich auf die UV-Strahlen konzentrieren. Das intensiviert diese subtilen Energiefelder, sodass man sie leichter sieht. Wie bei allem anderen auch, braucht es damit ein wenig Übung, aber für mich funktionieren sie gut. Mein einziger Vorbehalt ist, dass sie mir nur die vorherrschende Farbe der Aura einer Person zeigen. Aura-Brillen kann man leicht online erwerben.

Aura-Apps

Es gibt Apps, die man auf Handys oder Tablets herunterladen kann, um damit Auren zu fotografieren, doch ich habe bis jetzt noch keine gefunden, die gut funktioniert.

Aura-Kameras

Seit der ersten Kirlian-Fotografie in den 1950er-Jahren hat sich die Aura-Fotografie in großen Schritten verbessert, obwohl sie immer noch nach demselben Prinzip arbeitet. Man sitzt vor einem weißen oder schwarzen Tuch und legt die Hände auf eine Metallplatte, die die elektromagnetischen Felder analysiert, die dann aufgezeichnet und an Spezialkameras oder Computer gesendet werden, die die Bilder aufnehmen, die die von den Händen ausgehende Energie aussendet. Seit den 1990er-Jahren gibt es viele verschiedenen Kameras auf dem Markt, die bei Veranstaltungen über Seele, Körper und Geist verwendet werden. Sie arbeiten alle nach demselben Prinzip, doch sie konzentrieren sich jeweils auf einen anderen Aspekt der Aura. Einige nehmen die Chakren, manche die Aura und andere die Körperenergie in den Fokus. Seit den 2000er-Jahren gibt es sogar Kameras, die nicht nur Bilder aufnehmen, sondern auch Videos, um zu zeigen, wie sich eine Aura ständig verändert und wie Auren interagieren.

* * *

VERWENDUNG EINER AURA-KAMERA

Als Aura-Kameras zum ersten Mal an Computer angeschlossen wurden und Chakren und Auren zeigten, war ich persönlich trotz ihrer Popularität sehr skeptisch. Computer werden programmiert und zeigen daher immer die Farben, die ihnen eingegeben wurden, obwohl das keine Auswirkung auf die Farben, die von der Kamera innerhalb einer Aura aufgenommen werden, hat. Ich machte einen Versuch mit einem dieser Programme und, nach einer Meditation, um meine Energie zu steigern, veränderte sich das Bild sofort. Die hier gezeigten Fotos wurden von mir mit einer Aura-Kamera aufgenommen. Sie zeigen mich am Beginn der Meditation mit einer normalen Aura. Das zweite Bild zeigt mich nach der Meditation und das dritte am Ende eines langen Arbeitstages auf einer Messe für Medien. Sehen wir sie uns im Detail an.

BILD EINS

Es zeigt den Normalzustand meiner Aura und der Chakren. Das Stirnchakra ist weiß, denn wenn alle Chakren offen sind , werden alle Farben der Chakren im Stirnchakra weiß angezeigt. Es zeigt auch die verschiedenen Farben innerhalb der Aura. Zitronengelb ganz oben, Blau und Türkis an den Seiten, mit einem Hauch Grün, Rosa und Gelb unten.

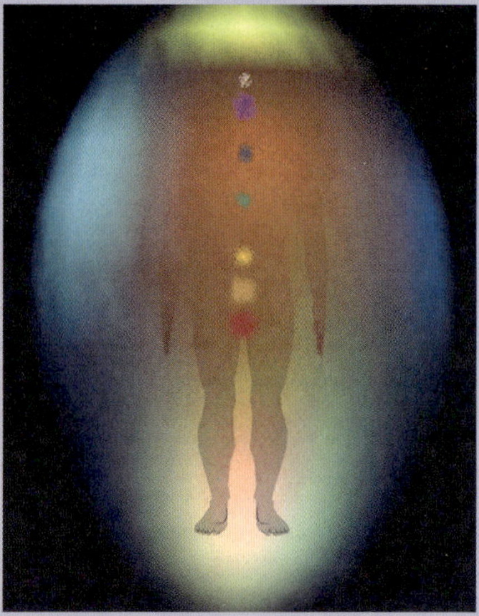

BILD ZWEI

Es wurde nach einer Meditation, um in die vierte Dimension zu gelangen, aufgenommen. Beachten Sie die Veränderung beim Herzchakra, das von Grün zu Blassblau und Lavendel in der Mitte wechselte, sowie das Magenta-Pink oben und unten, das in die äußeren Schichten sowie in das vergrößerte Sakralchakra fließt und das Orange an den Rand drängt.

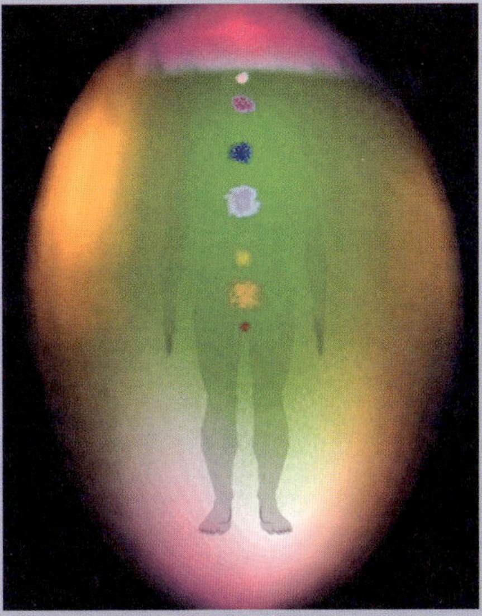

BILD DREI

Es wurde nach einem langen Tag aufgenommen, den ich mit Engel-Lesen verbracht hatte, und weist keinerlei Ähnlichkeiten mit der Programmierung auf.

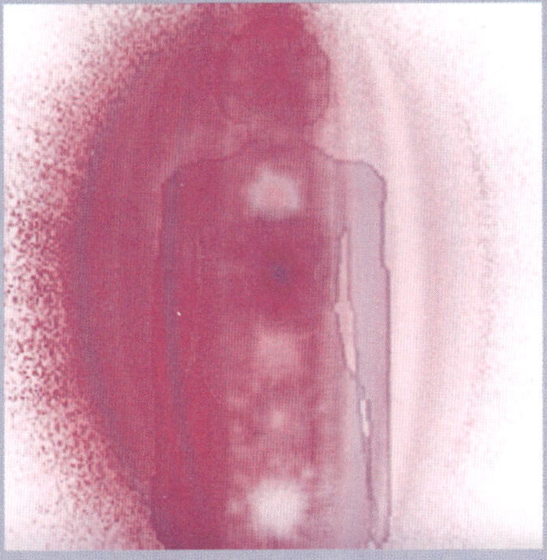

6

AUREN UND FARBEN

Farben sind sehr wichtig, denn jedes Chakra hat seine eigene Farbe, und die Aura reflektiert deren Gesundheit und Funktionsfähigkeit. Die Energie innerhalb des Körpers bewegt sich durch die Chakren und das Meridiansystem, und wird dann in der Aura gespiegelt – deshalb spürt man, wie es einem anderen Menschen geht. Die Farben innerhalb einer Aura entsprechen den Vorgängen innerhalb des physischen, emotionalen, geistigen und spirituellen Körpers von allem und jedem, ob auf dem bewussten oder unbewussten Level. Die Aura verrät uns viel über uns selbst, über andere und sogar über die Gesundheit von Pflanzen, Bäumen, Tieren und anderen Lebewesen. Die Farben in der Aura verändern sich ständig, weil eine Aura mit den Energien und den Schwingungen anderer Auren rundherum interagiert und dabei den körperlichen, emotionalen, geistigen und spirituellen Zustand des Trägers und andere Einflüsse widerspiegelt.

Farben haben selbst Schwingungen, die die Aura reflektiert. Wenn man sich spirituell weiterentwickelt, verändern sich die Schwingungen, und auch diese Veränderungen kann man in den Auren erkennen. Jede Farbe des Spektrums schwingt in einer anderen Frequenz – einige kann man leichter sehen als andere. Zum Beispiel ist Rot die dichteste Farbe, während Violett die höchste Frequenz aufweist. Infrarot und Ultraviolett sind für Menschen nicht sichtbar, aber unter ultraviolettem Licht werden alle möglichen unsichtbaren Dinge aufgedeckt. Sogar Farben, die wir nicht sehen können, beeinflussen unser Unterbewusstsein.

Farben sind schwer zu beschreiben, und obwohl sie alle in einer unterschiedlichen Frequenz schwingen, sind sie auch sehr schwer zu spüren. Deshalb bezieht man sich oft auf die physische Welt und die Natur, um Farben zu beschreiben wie Grasgrün, Blutrot, Nebelgrau, Himmelblau, Sonnenblumengelb etc.

Man stellt sich Farben als etwas vor, das man sieht, aber visuell beeinträchtigte Personen können Farben spüren und sagen, dass sie sich unterschiedlich anfühlen. Zum Beispiel:

- Rot fühlt sich stark und heiß an.
- Orange fühlt sich zuversichtlich und warm an.
- Gelb lässt uns kreativ und fokussiert fühlen.
- Grün fühlt sich ruhig an und kann die Empfindung auslösen, Bäume und Blumen zu riechen.
- Blau bringt ein Gefühl von Frieden.
- Indigo beschwört das Gefühl, aufgeheitert zu werden.
- Violett ist mit spirituellen Einsichten verbunden.

Mit ein wenig Übung wird man etwas hellsichtig und gewinnt die Fähigkeit, die Farben einer Aura zu sehen. Diese Übungen werden Ihnen dabei helfen.

ÜBUNG
FARBEN SPÜREN

Das ist eine einfache Übung, die man allein machen kann, um Tast- und Farbensinn zu entwickeln.

- Sammeln Sie Stücke von Bändern in verschiedenen Farben und mischen Sie sie in einer Schachtel.
- Nehmen Sie mit geschlossenen Augen ein Stück und konzentrieren Sie Ihre Energie darauf. Versuchen Sie mit den Tastsinn, etwas zu fühlen.
- Welche Bilder imaginieren Sie und welche Farben weisen diese auf?
- Wenn Sie im Geiste mit sich selbst sprechen, was hören Sie sich sagen?
- Was fühlen Sie – ruhig, heiß? Welche Empfindungen laufen durch Ihren Körper und wo genau?
- Dokumentieren Sie Ihre Eindrücke, indem Sie sie aufnehmen , sodass Sie sie später wieder anhören können. Nehmen Sie sich Zeit – sie trainieren gerade, wie Sie Ihre Sinne richtig einstimmen und wie Sie Informationen spüren.

All diese Informationen werden Ihnen langsam bewusst machen, wie Sie persönlich Farben interpretieren. Arbeiten Sie mit zwei oder drei Bändern, bevor Sie die Augen öffnen. Es gibt bei dieser Übung weder richtig noch falsch, auch keine richtigen oder falschen Gefühle. Sie entdecken nur, welches Gefühl die jeweilige Farbe in Ihnen auslöst, wie sie Ihnen ihre Energie übermittelt, und wie Sie diese interpretieren.

Mit dieser Übung beginnen Sie, Ihre unbewussten Gefühle über Farben ins Bewusstsein zu rufen und entdecken,wie Sie Ihre unbewusste Einschätzung von Auren interpretieren, wenn Sie im täglichen Leben mit anderen Leuten in Kontakt kommen.

Tipp

Wenn Sie verstehen, wie Farben Ihnen Gefühle vermitteln, werden Sie auch fähig sein, Auren anderer zu beurteilen, wenn Sie die Hände über sie führen. Neben jenen, die von Natur aus hellsichtig sind, lesen die meisten Auren auf diese Art.

Die Bedeutung der Farben

Das ist ein großes Thema, von dem Sie vielleicht glauben, nicht damit umgehen zu können. Doch Sie wissen vermutlich bereits viel mehr darüber, als Ihnen bewusst ist. In jeder Sprache gibt es viele Sprichworte, die auf den Bewusstseinsstatus und Farben anspielen. Zum Beispiel:

- Er ist gelb vor Neid, bezeichnet gelb als Farbe der Missgunst.
- Man sieht rot bedeutet, jemand ist sehr wütend.
- Jemandem nicht grün sein bedeutet, dass man die Person nicht leiden kann.
- Ich sehe schwarz, bedeutet, dass man etwas Schlimmes vorauszusehen glaubt.
- Etwas rosig sehen bedeutet, zuversichtlich in die Zukunft zu schauen.

Jeder dieser Ausdrücke beschwört eine unterschiedliche Farbschattierung. Doch welche Farbe Sie auch immer imaginieren, ist für Sie die richtige, da es weder richtige noch falsche gibt, und Sie sollen sie auf Ihre Art interpretieren.

Farben haben aber auch in verschiedenen Kulturen unterschiedliche Bedeutungen. Es ist zum Beispiel in westlichen Kulturen üblich, Schwarz als Trauerfarbe zu tragen, während es in Indien Weiß ist. Im Westen sind Bräute üblicherweise weiß gekleidet, in Indien rot. Deshalb ist es extrem wichtig zu wissen, was die verschiedenen Farben für Sie persönlich bedeuten.

Allgemein akzeptierte Bedeutungen von Farben

Da Ihre Gefühle für Farben sehr wahrscheinlich von Ihrer Kultur beeinflusst sind, sehen wir uns hier an, was Farben im Westen und rund um die Welt für Bedeutungen angenommen haben.

PRIMÄRFARBEN

Primärfarben sind reine Farben, ohne Beimischung anderer, erzeugen jedoch mit einer anderen Primärfarbe gemischt neue Farben.

ROT

Rot ist die Farbe von Liebe und Leidenschaft, deshalb schenken Männer Frauen rote Rosen, um ihnen ihre Liebe zu zeigen. In Indien ist Rot die Farbe der Ehe und des Wohlstandes. Hochzeitskleider sind rot, nur verheiratete Frauen tragen rote Saris, und man verschenkt Geld in roten Umschlägen. Rot ist auch die Farbe von Blut, Wut, Leidenschaft, Feuer, Handeln und Fieber. Man kennt das aus dem Satz: „Er ist ganz rot im Gesicht."

Rot ist auch Warnfarbe wie in roten Ampeln oder Verkehrszeichen auf der ganzen Welt. Im spirituellen Bereich ist Rot die Farbe der Kreativität und Manifestation – wenn sich Ideen richtig anfühlen und man in Aktion tritt, um sie in der realen Welt auszuführen. Rot hat daher auch viel mit Sicherheitsgefühl und körperlichem Wohlbefinden zu tun.

Rot in der Aura ist oft ein Hinweis auf eine Entzündung, entweder eine entzündliche Laune oder eine tatsächliche, körperliche Entzündung. Die Stelle innerhalb der Aura weist darauf hin, an welcher Stelle das Problem sitzt. Wenn man zum Beispiel Rot in der Nähe der Stirn einer Person findet, hat diese vermutlich Kopfschmerzen oder eine Gehirnverletzung. Mehr darüber in Kapitel 7.

GELB

Gelb ist die Farbe der Sonne, von Freude, Optimismus, Imagination, Intellekt und Analyse. Es wird fast überall als fröhliche Farbe empfunden. Im deutschsprachigen Raum wird gelb mit Neid assoziiert, in Ägypten dagegen vermittelt es Glück. Es kann aber woanders auch Feigheit oder Kränklichkeit bedeuten – man denke an die gelbliche Gesichtsfarbe bei Gelbsucht oder anderen Krankheiten. Es ist die Farbe der Gefühle und beinhaltet daher unsere Emotionen und Energie.

Gelb in einer Aura ist häufig eine Spiegelung des Intellekts und der Neugier einer Person sowie ihrer Emotionalität.

BLAU

Blau ist die Farbe des Meeres und des Himmels, und fast überall wird es als ruhige, friedvolle Farbe angesehen, die Vertrauen und Sicherheit sowie Schutz verkörpert. Im Nahen Osten tragen die Leute blauen Schmuck, um das Böse abzuwehren. Blau wird assoziiert mit Kommunikation, Frieden und Heilung. Es wird im englischen Sprachraum aber auch als Farbe der leichten Depression und schlechten Laune gesehen.

Viel Blau in der Aura kann ein Hinweis sein, dass die Person gut kommuniziert, während Türkis ein Hinweis auf eine bevorstehende Veränderung sein könnte.

Schwarz und Weiß

Lassen Sie uns einen Blick auf andere Hauptfarben in Verbindung mit Auren werfen – beginnen wir mit Schwarz und Weiß. Schon der Ausdruck „schwarz-weiß" bezeichnet den extremen Gegensatz, kann aber auch Klarheit bedeuten, wenn man sagt: „Da hast Du es schwarz auf weiß." Wie schon erwähnt, sind Farben weder positiv noch negativ – sie sind, was sie sind, und bedeuten für verschiedene Menschen Unterschiedliches, was gänzlich davon abhängt, welche Gefühle sie auslösen.

SCHWARZ

Schwarz besteht aus allen Primärfarben, gemischt zu gleichen Teilen. Sobald man es mit einer anderen Farbe mischt, bekommt man eine leicht veränderte Schattierung; deshalb spricht man von Blauschwarz, Braunschwarz, Rotschwarz etc. Man sagt, es gäbe 105 verschiedenen Schattierungen von Schwarz. Alle sind schwarz, weisen jedoch subtile Unterschiede auf und sind offen für unterschiedliche Interpretationen.

Im Westen steht Schwarz meist für Trauer und Krankheit. Es weist oft auf mangelnde Vergebung gegenüber sich selbst und anderen hin. An einer bestimmten Stelle der Aura kann es auf eine Gesundheitsveränderung oder unbearbeiteten Kummer deuten sowie welchem emotionalen Problem es entspricht. Schwarz bei den Eierstöcken deutet möglicherweise auf unbearbeiteten Kummer über eine Fehlgeburt oder den Verlust eines Elternteiles im jungen Alter hin.

Es ist wichtig, nicht zu vergessen, das Schwarz keine negative Farbe ist. In vielen Kulturen symbolisiert es Eleganz und Formalität. Im Nahen Osten repräsentiert

Schwarz Wiedergeburt und in Afrika Alter, Reife und Männlichkeit. Schwarz steht nicht mit einem bestimmten Energiezentrum in Verbindung, obwohl schwarze und graue Schatten innerhalb der Chakren in der Aura gespiegelt werden und körperliche, emotionale, geistige oder spirituelle Blockaden anzeigen.

WEISS

Weiß ist ein Gemisch aller Spektralfarben. Es ist reines Licht und repräsentiert daher in westlichen Kulturen Reinheit und Wahrheit. Es erlaubt anderen Farben, sich dagegen abzusetzen, denn es ist neutral. Es kann auf Erleuchtung, Meditation und spirituelle Eigenschaften hinweisen. In China, Korea, Indien und einigen anderen asiatischen Ländern jedoch, steht weiß für den Tod und die Trauer und wird traditionellerweise bei Begräbnissen getragen. In Peru assoziiert man Weiß mit guter Gesundheit und Engeln.

In einer Aura kann Weiß viele verschiedenen Bedeutungen haben; mit etwas Training Ihrer Sinne und Intuition werden Sie auch die richtige herausfinden. Weiße Funken oder Blitze weißen Lichts in der Aura zeigen eventuell an, dass eine Frau schwanger ist oder es bald wird. Babys haben häufig eine weiße Aura. Weiß kann aber auch bedeuten, dass ein spiritueller Führer in der Nähe ist.

Wie Schwarz, wird Weiß mit keinem bestimmten Energiezentrum assoziiert, doch als Kombination von allen Spektralfarben sieht man es oft rund um die Köpfe von spirituellen oder erleuchteten Personen. Weiß als Mischung aller Farben kann man zu jeder anderen Farbe hinzufügen, um der jeweiligen Farbe eine heller Schattierung zu geben, was wiederum ihre Energie verändert.

Sekundärfarben und Schattierungen

Sobald man Primärfarben untereinander mischt, kombiniert man die Energien und die Bedeutung dieser Farben. Mischt man Primärfarben im selben Verhältnis, bekommt man Sekundärfarben; mischt man sie jedoch in unterschiedlichen Verhältnissen, erhält man verschiedene Schattierungen. Lassen Sie uns diese Farben in der approximativen Reihenfolge eines Regenbogens durchgehen.

ZINNOBERROT

(Gelb-rot) gereizt, tatkräftig, hastig

KARMINROT
(blau-rot) leidenschaftlich, zornig

ERDBEERROT
Ausschlag oder Fieber

TOMATENROT
Wut

HELLES, LEUCHTENDES ROSA
Freude, Liebe, Wärme, Mitgefühl, neue oder wiederbelebte Romanze, Selbstrespekt, gesunde Blutversorgung, rosig, unschuldig, weiblich, errötend, neugeborenes Mädchen

DUNKLES ROSA
Unreifer oder unehrlicher Charkter

MAGENTA
Bedingungslose Liebe, Gnade, Tiefenheilung, höheres Herzchakra, Verbindung zu höheren Dimensionen

KASTANIENBRAUN
Maskulin, erdig, empfindsam, verborgene Motive

ORANGE
Orange ist eine Sekundärfarbe, eine Mischung aus rot und gelb. Es kombiniert die körperliche Energie von Rot – Geerdetsein, Sicherheit und Manifestation – mit der emotionalen und intellektuellen Energie von Gelb. Man assoziiert die Farbe häufig mit der Farbe von Sonnenschein, Wärme, Ernte und Herbstblättern. In Verbindung mit den Gründen für unser Dasein sowohl aus körperlicher als auch emotionaler Perspektive, herrscht es über Sexualität,

Fruchtbarkeit, Selbstverwirklichung, Imagination, Kreativität und Wachstum. Es steht häufig für eine extrem künstlerische Persönlichkeit voller Stolz, Leidenschaft und Emotionen. Oft ist es auch ein Hinweis auf mediale Fähigkeiten. In Asien ist Orange eine heilige Farbe, die hinduistische und buddhistische Mönche tragen. Innerhalb einer Aura kann es auch darauf deuten, dass die Person dabei ist, eine mediale Fähigkeit zu entwickeln.

KORALLENROT

Korallen sind lebende Organismen, die sehr langsam wachsen, aber extrem hart und spröde sind. Sie wachsen an Felsen oder an anderen Korallen und stehen daher für Gemeinschaftsgeist.

HELL- ODER BLASSGELB

Positive Aufregung über neue Ideen

HELLES ZITRONENGELB

Kampf um die Aufrechterhaltung von Macht und Kontrolle in einer persönlichen oder geschäftlichen Beziehung; Angst, Kontrolle, Prestige, Respekt oder Macht zu verlieren

HELLES GOLD

Intellektuelle, glückliche, spirituelle Energie aktiviert und zum Leben erweckt – eine inspirierte Person – häufig bei Babys.

DUNKLES GELB ODER DUNKLES GOLD

Kampf mit dem Studium, überanalytisch bis zum Gefühl von Übermüdung oder Stress, Versuch, die verlorene Zeit zu kompensieren, indem man alles auf einmal lernt.

GRÜN

Grün ist die Sekundärfarbe aus Blau und Gelb, und beinhaltet deshalb vieles von der Energie beider Primärfarben. Grün wird vor allem als heilende Farbe betrachtet, als Farbe der Ruhe, Balance, Pflege, Stille und des Lernens sowie der Natur und des Frühlings. Es ist auch die Farbe des Geldes, weshalb es Fülle und Glück repräsentiert. In manchen Kulturen interpretiert man es auch als Eifersucht (das grünäugige

Monster), Neid, Unterdrückung und übermäßige Verantwortlichkeit. In Mexiko ist Grün die Nationalfarbe und steht für Unabhängigkeit, während es im Nahen Osten Fruchtbarkeit repräsentiert und als traditionelle Farbe des Islam betrachtet wird. In Asien und im Westen steht es für Jugend („grün hinter den Ohren" bedeutet so viel wie unerfahren), während in China kein Mann einen grünen Hut tragen würde, denn das bedeutete, seine Frau sei ihm untreu gewesen.

SMARAGDGRÜN

Grün in der Aura steht häufig für einen Heiler (vielleicht ein professioneller Heiler, ein Naturheiler, oder jemand, der sich seiner heilenden Kräfte nicht bewusst ist). Heilende Hände haben oft eine smaragdgrüne Aura rund um die Fingerspitzen. Es steht auch für eine liebende und meist ausdrucksvolle Persönlichkeit.

HELLGRÜN

Ruhe, Harmonie

LIMETTETTENGRÜN

Führungskraft

JADEGRÜN

Weisheit, Fülle

WALDGRÜN

Eifersucht, Verbitterung, Opfergefühl, Schuldzuweisung an sich und andere, Unsicherheit, niederer Selbstwert, Unfähigkeit, persönliche Verantwortung zu übernehmen, empfindlich gegenüber Kritik

HELLBLAIU

Intuitiv, expressiv, wahrheitsliebend, vielleicht bestimmt für eine Karriere in der Kommunikation

KÖNIGSBLAU

Hellsichtig, sehr spirituell, großzügig, am richtigen Weg, neue Gelegenheiten sind auf dem Wege

DUNKELBLAU

Angst vor der Zukunft, Angst vor Selbstverwirklichung, Angst, der Wahrheit ins Gesicht zu sehen oder sie auszusprechen

TÜRKIS

Als Schattierung zwischen Blau und Grün wird Türkis mit Kommunikation und innerer Wahrheit assoziiert. Es ist expansiv, expressiv, avantgardistisch und risikofreudig. Es steht für Netzwerken, Reisen, exotische Plätze, Freiheit, Ruhelosigkeit, anbahnende Energie und Interesse an Sprache. Es deutet oft auf Transition und Veränderung hin. In der antiken Welt war es die Farbe des Reichtums und der Opulenz. Den Schmuckstein Türkis verwenden heute noch viele Kulturen zur Abwehr des Bösen und zum Schutz. Im alten Ägypten war er ein Symbol für Transition und Wiedergeburt. In Tibet und China wird Türkis sowohl vom allgemeinen Volk als auch von Mönchen getragen, denn es bedeutet nicht nur den Zyklus von Leben, Tod und Wiedergeburt, sondern auch das Erwerben von Weisheit durch Reinkarnation, der zentralen Lehre des Buddhismus. Für viele steht die Farbe für Übergang, Beginn und Ende. Türkise Kleidung oder türkise Steine sollen das Herz öffnen und die Spiritualität verfeinern, indem eine Person angeregt wird, die Wahrheit zu erkennen und auszusprechen. Als Mischung von Blau und Grün steht es sowohl für das Herz- als auch für das Halschakra.

PURPUR

Diese Farbe wird traditionell mit Königen und Königinnen in Verbindung, da nur sie purpurne Kleidung tragen konnten. In Japan trugen die höchstrangigen Mönche Purpur. In der katholischen Kirche steht es für Glauben, Pietät und Reue. Es ist auch die Farbe der Ehre, wie in dem amerikanischen Militärorden „Purple Heart". Es wird assoziiert mit spiritueller Führung und Transformation, Glück, Zauber, Hellsichtigkeit und Mystizismus.

KOBALTBLAU

Theatralisch, ehrgeizig

KLARES ODER HELLES VIOLETT

In Einklang mit dem göttlichen, spirituellen Reich, Erleuchtung und Hellsichtigkeit (Fähigkeit, Dinge im Geiste zu sehen)

DUNKLES VIOLETT

Ein Schrei nach Liebe und Aufmerksamkeit, Arroganz und Ehrgeiz

RÖTLICHES VIOLETT

Hellhörigkeit (Fähigkeit, die Stimme des höheren Selbst, Gottes, der Engel, Meister der Weisheit oder spiritueller Führer zu vernehmen)

INDIGO

Indigo wird häufig mit Intuition, Spiritualität und medialem Bewusstsein assoziiert. Menschen mit hauptsächlich solchen Auren können ernsthaft, idealistisch, nachdenklich und gefühlsstark sein, aber auch distanziert und einsam, mit einer Tendenz zu Rigidität in den Gedanken. Es gibt heute viele Kinder und junge Erwachsene, die man *Indigo-Kinder* nennt, weil sie so viel Indigo in ihren Auren haben. Sie denken und verhalten sich tendenziell anders und bewegen sich außerhalb der erwarteten Norm, was auch impliziert, dass sie die Norm brechen und sich auf den nächsten Level erheben. Man bezeichnet das oft als Asperger-Syndrom oder Autismus, weil ihr Gehirn anders funktioniert als bei der Mehrheit. Sie sind hochintelligent, und viele glauben, dass sie Vorläufer einer bedeutenden Veränderung innerhalb der Menschheit sind, so wie der Übergang vom *homo erectus* zum *homo sapiens.* In der Bibel steht Indigo für die himmlische Gnade.

VIOLETT

Violett wird mit unserer Verbindung zum größeren Universum und der universellen Energie assoziiert. Man sagt, es repräsentiere religiöse Andacht, Imagination und Träume. Wenn das Kronenchakra offen ist, verbindet es uns mit unserem spirituellen Selbst, dem größeren Kosmos, dem Göttlichen in uns und mit Gott. Die Farbe ist auch beruhigend. Violett in der Aura deutet häufig auf eine tief religiöse Person hin, aber auch auf jemanden, der wenig Grenzen kennt. Babys weisen oft viel Violett in ihren Auren auf, weil die Fontanelle am ihren Köpfen noch nicht geschlossen ist.

LAVENDEL

Lavendel wird mit Leuten assoziiert, die höhere Schwingungen haben. Es steht für Reinheit, Schönheit, Weiblichkeit, Hingabe, Gelassenheit, und Gnade. Es bringt Ruhe, inneren Frieden und die Verbindung zu höheren Dimensionen. In Auren sieht man es selten.

GOLD

Intuition, Selbsterkenntnis, Reinigung, mediale Fähigkeiten, Freude, Weisheit, Fülle

SILBER

Fähigkeit für Astralreisen, Einheit, starke mediale Kräfte, Klarheit, Fülle

HELLES METALLIC

Empfänglich für neue Ideen, intuitiv und fördernd

DUNKELGRAU

Diese Farbe kennzeichnet Langeweile, Malaise und verbirgt Angst oder Emotion. Reste von Angst sammeln sich im Körper an, was zu schlechter Gesundheit führen kann. Das gilt insbesondere, wenn man graue Anhäufungen in bestimmten Körperbereichen sieht. Wenn dies die einzige Farbe ist, die man in der Aura sieht, wird die Person wahrscheinlich innerhalb einer oder zwei Wochen sterben!

Tipp

Regenbogenstreifen oder etwas, was wie Sonnenstrahlen aussieht, das die Person ausstrahlt, kann auf eine glückliche Person hinweisen oder nur jemanden, der sich in der ersten Inkarnation auf Erden befindet.

Farben sind neutral

Trotz aller Bedeutungen, die man den Farben rund um die Welt und durch die Jahrhunderte zuschreibt, sind sie selbst weder gut noch schlecht. Sie sind Ausdruck von Energie, nichts anderes. Farben, die mit Schwarz gemischt werden, sind nicht schlecht, und die mit Weiß nicht notwendigerweise spiritueller. Reines Weiß wird oft als die spirituellste Farbe gesehen, weil es aus allen Farben zusammengesetzt ist, doch in vielen Kulturen ist es die Farbe der Trauer. Eine sehr blasse Farbe in einer Aura kann bedeuten, dass die Person in einer höheren Frequenz schwingt, kann aber auch heißen, dass sie unverbindlich ist. Rosa kann eine unverbindliche Haltung in Beziehungen hindeuten, oder auf eine höher entwickelte Person, deren Herzchakra in der Frequenz bedingungsloser Liebe schwingt.

Die Interpretation von Farben ist eine subtile Kunst, die mit Übung leichter wird. Es gibt vieles, was man tun kann, um das Bewusstsein auszuweiten, was Farben für Sie bedeuten. Sie lernen mehr aus persönlicher Erfahrung, als jemals durch das Lesen über Erfahrungen von anderen. Die folgenden Übungen werden Ihnen helfen, diese Erfahrungen zu sammeln. Es ist wichtig, sich ihnen anzunähern, ohne sich darum zu sorgen, ob man sie richtig oder falsch ausführt, denn das gibt es nicht; was immer Sie erleben, ist in diesem Augenblick genau richtig für Sie.

ÜBUNG 1
GEHEN SIE BEWUSST

Das nächste Mal beim Spazierengehen achten Sie auf die Farben der Natur, die verschiedenen Schattierungen von Grün, Blau, Braun, Rot, Gelb etc. Nehmen Sie wahr, welche Gefühle die Farben in Ihnen auslösen. Das ist deshalb wichtig, weil diese Gefühle das Erste sein werden, das Sie wahrnehmen werden, wenn Sie beginnen, Auren zu sehen und zu interpretieren. Achten Sie darauf, wie die Farben zu verschiedenen Schattierungen kombiniert werden und wie diese sich auf Ihre Stimmung auswirken, denn das wird in der Aura reflektiert.

ÜBUNG 2
FARBEN IN IHREM HEIM

Achten Sie auf die verschiedenen Farben in Ihrem Heim. Fragen Sie sich selbst, warum Sie jeden Raum mit der jeweiligen Farbe ausstatteten. Was war Ihr Ziel? Nehmen Sie wahr, wie sich jeder Raum auf Ihr Gefühle auswirkt, denn diese sind in Ihrer Aura sichtbar. Achten Sie auch darauf, ob sich die Farben Ihres Heimes im Laufe der Jahre veränderten. Wie spiegelte das Ihr damaliges Leben wider?

ÜBUNG 3
DIE FARBE IHRER KLEIDUNG

Betrachten Sie die Farbe Ihrer Kleidung im Kleiderschrank. Achten Sie darauf, wie Ihre Stimmung durch die Wahl der Kleidung beeinflusst wird. Nehmen Sie wahr, warum sie an manchen Tagen bestimmte Farben bevorzugen, und wie sich die Farben auf Sie auswirken, denn sie beeinflussen auch Ihre Aura, und diese sendet subtile Signale an andere aus, die bestimmen, wie Sie von anderen erlebt werden. Änderte sich Ihre Lieblingsfarbe im Laufe der Jahre?

ÜBUNG 4
VERBILDLICHEN SIE DIE FARBEN

Entspannen Sie sich mit ein paar langsamen Atemzügen und imaginieren Sie eine Farbenwolke. Stellen Sie sich vor, dass Sie diese einatmen und sie durch Ihren Körper reisen lassen. Wie fühlt sich das an? Dann stellen Sie sich vor, eine andere Farbe einzuatmen und nehmen wahr, wie es sich anfühlt. Das wichtigste ist, welche Gefühle jede Farbe in Ihnen auslöst, denn Farben müssen für Sie eine Bedeutung haben. Jeder ist verschieden und wird Farben leicht unterschiedlich interpretieren. Zum Beispiel sehen viele Schwarz als negative Farbe, die sie sich unbehaglich fühlen lässt, während andere es als sichere Farbe betrachten. Nichts davon ist richtig oder falsch – es geht nur darum, was es für Sie bedeutet.

ÜBUNG 5
DAS SUBTILE AUFSPÜREN

Wenn Sie geübt haben zu interpretieren, was Farben für Sie bedeuten, können Sie daran arbeiten, sie in Auren zu lesen. Sammeln Sie eine Sortiment an Dingen in verschiedenen Farben, wie verschiedene Blätter, Blumen oder Nippes aus Ihrem Heim. Sammeln Sie auch Stoffe, wie Schals, Hemden oder Geschirrtücher in verschiedenen Farben.

Nehmen Sie die Dinge nacheinander in die Hand und betrachten Sie sie genau. Achten Sie auf die Farben und die Textur und wie sie sich anfühlen. Nehmen Sie etwas in einer ähnlichen Farbe auf und nehmen Sie die subtilen Unterschiede wahr. Nehmen Sie die subtilen Unterschiede bei ähnlichen Farben wahr sowie die offensichtlichen Unterschiede zwischen großen Farbwechseln. Wickeln Sie nun eines der farbigen Dinge in ein Stück Material in einer anderen Farbe und halten Sie beide in der Hand. Welches Gefühl lösen die beiden kombinierten Texturen und Farben in Ihnen aus?

Was Sie lernen werden

Der Zweck dieser Übungen ist, Ihren Interpretationen der verschiedenen Farben mehr Tiefe zu verleihen, sodass Sie, wenn Sie an den Punkt kommen, Auren zu lesen und zu heilen, verstehen können, was sie sehen und fühlen. Eines Tages werden Sie Ihre Hände durch die Aura einer anderen Person gleiten lassen und sich daran erinnern, was Sie fühlten, als Sie diese Übungen durchführten.

Wenn Sie zum Beispiel ein Silbermesser in eine rosa Bluse wickelten und das bei Ihnen ein gewisses Gefühl auslöste, dann werden Sie eines Tages dasselbe Gefühl verspüren, wenn Sie Ihre Hände durch eine Aura führen, oder es werden vor Ihrem geistigen Auge dieselben Bilder auftauchen. Dann wird das, was Sie während der Übungen fühlten, das sein, was Sie über die Aura wissen müssen. Von da an werden Sie jedes Mal, wenn Sie eine Kombination von Silber und Rosa in einer Aura sehen, beginnen herauszuarbeiten, ob das Ereignis in der Vergangenheit stattgefunden hat oder sich gerade jetzt abspielt, und ob es sich um ein körperliches, emotionales, geistiges oder spirituelles Problem handelt. Für mich kann es eventuell anzeigen, dass die Person, deren Aura ich gerade fühle, etwas loslassen, oder das man ihr etwas für sie Unangenehmes abnehmen muss. Vielleicht muss die Person eine toxische Beziehung aufgeben, aber es könnte auch etwas mehr Körperliches sein. Eventuell muss sie sich in der nahen Zukunft einer Herzoperation unterziehen, oder hat gerade eine solche hinter sich.

❋ ❋ ❋

7

AUREN LESEN

Wie schon erwähnt, spürt und liest jeder Mensch in der einen oder anderen Art unbewusst Auren. Medien verbringen viel Zeit und Energie damit, ihre Sinne zu entwickeln, indem sie ihre Fähigkeiten trainieren. Insbesondere Hellsehende, die Dinge *sehen*, spezialisieren sich auf das Lesen von Auren. Dabei nehmen sie die Farben einer Aura wahr – die Tiefe und die Schattierungen der Farben und deren Position innerhalb der Aura. In der Aura sind alle Informationen über die jeweilige Person enthalten – Vergangenheit, Gegenwart, und was die nahe Zukunft bringen wird – deshalb sind diese spirituellen Arbeiter fähig, ein Individuum zu „lesen" und Informationen zu erhalten, die den Personen selbst vielleicht gar nicht bewusst sind.

Was das Lesen einer Aura vermitteln kann

Beim Lesen der Aura können Sie Ihre vorherrschende Farbe entdecken, die Ihnen eine Menge darüber sagen wird, wie Sie auf der unbewussten Ebene handeln. Die Denk- und Verhaltensmuster, die Sie vielleicht zurückhalten, werden aufgedeckt sowie Ihre Stärken und Schwächen, sodass Sie mit den Stärken spielen können, um Ihre Ziele zu erreichen. Wenn Sie sich nicht sicher über Ihre Ziele sind, werden Sie die Farben Ihrer Aura in einen Berufszweig leiten, der Sie möglichst glücklich macht. Sie können Sie auch mit Leuten in Verbindung bringen, mit denen Sie sich gut verstehen werden. Viele Leute lassen ihre Aura lesen, um herauszufinden, welcher Typ Mensch am besten als Lebenspartner zu ihnen passt, denn wie bei allem im Leben ist es auch so, dass manche Farben besser zueinander passen als andere.

Die Farben der Auren spiegeln auch Stimmungen, Emotionen, Gefühle, Sorgen und Ängste wider, die sich natürlich ständig verändern. Wenn man heranwächst, verändert man sich, und so verändert sich auch die vorherrschende Farbe der Aura. Sie repräsentiert die grundlegende Persönlichkeit. Deshalb ist die Aura eines Babys oft weiß oder in allen Farben des Regenbogens, denn sie ist bereit, das zu reflektieren, was aus der Persönlichkeit werden wird. Wenn ein Medium eine Aura liest, wird es sich auf alle unterschiedlichen Ebenen der Aura und die Farben auf dem jeweiligen Level konzentrieren.

Wie man seine vorherrschende Aurafarbe erkennt

Es gibt einen sehr einfachen und wirkungsvollen Weg, die vorherrschende Farbe seiner Aura und der von anderen zu erkennen.

- Machen Sie es sich vor einem Spiegel bequem, atmen Sie ein paar Mal tief durch, um zu entspannen. Machen Sie Ihren Blick weich und starren Sie Ihr Spiegelbild eine oder zwei Minuten lang an, indem Sie sich auf die Fläche zwischen dem Kopf und der Schulter konzentrieren. Vielleicht sehen Sie etwas wie ein Hitzeflimmern und Farbe rund um Ihr Spiegelbild. Dann sehen Sie Ihre eigene Aura.

Tipp

Mit derselben Übung kann man auch die Auren anderer sehen, nur eben ohne Spiegel.

- Wenn Sie nichts sehen, starren Sie weiter abwesend auf sich selbst. Lassen Sie Ihre Gedanken schweifen und schließen Sie nach zwei, drei Minuten die Augen. Hinter Ihren Lidern sehen Sie nun Ihre eigenen Umrisse. Welche Farben sind rundherum? Das ist Ihre Aurafarbe in diesem Augenblick; meist ist es aber auch Ihre vorherrschende Farbe.

Was Ihre vorherrschende Farbe bedeutet

Beim Aura-Lesen gibt es 14 vorherrschende Farben, wobei einige sehr selten auftreten. Was sagt nun Ihre vorherrschende Farbe über Sie (oder die Person, die Sie betrachten) aus? Denken Sie daran, diese Beschreibungen gelten für Ihre Hauptfarbe. Es gibt auch Farbschattierungen innerhalb der Aura, die bei einer vollen Lesung größer Breite und Tiefe ergeben, was wir später besprechen werden.

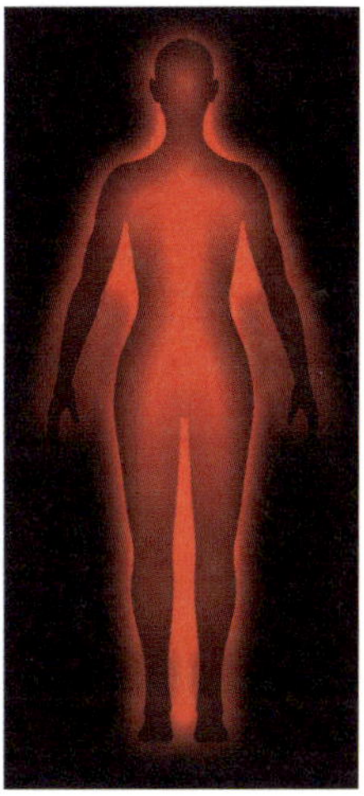

Rote Menschen

Menschen mit roter Aura sind voller Energie und Antrieb, sie sind sinnlich, lebhaft, leidenschaftlich, extrovertiert, voller Enthusiasmus und Lebenslust. Sie haben Pläne und Träume und keine Angst, diese zu teilen. Sie sind mehr als fähig, dort einzuspringen, wo sich selbst Engel fürchten, weil sie sich für Dinge begeistern, die ihnen am Herzen liegen. Sie lieben neue Dinge, Projekte, Freunde, Kleidung und Abenteuer. Sie sind schnell gelangweilt und jähzornig – das dauert jedoch nie lang und ist schnell vergessen. Negativ ist, dass sie, wenn etwas schief läuft, schnell das Selbstvertrauen verlieren und sich unsicher fühlen. Aber normalerweise sind sie schnell wieder auf den Beinen.

Sie sind auf die Gegenwart gerichtet und weniger auf die Vergangenheit und deren Lehren. Sie sind motiviert und können zielgerichtet sein, jedoch auch schnell von Dingen abgelenkt werden, die im Augenblick passieren.

Ihre Energie und Selbstvertrauen wirkt sich gut auf die Karriere aus. Man bemerkt Menschen mit einer roten Aura, und solange ihr Selbstvertrauen nicht in Arroganz umkippt, werden sie in schnelllebigen Berufen wie Werbung, Marketing und Verkauf gut vorankommen. Sie sind wie geschaffen als Unternehmer und können Berge versetzen, wenn sie sich für etwas begeistern, was meist der Fall ist.

Ist das Rot etwas dunkler, bedeutet das, dass die Person geerdet, an die physische Ebene gebunden ist und körperliche Herausforderungen nicht scheut. Wenn sie graue oder schwarze Flecken aufweist, könnte es starke negative Emotionen geben, die auf potenzielle Depressionen oder Unsicherheit hinweisen.

Orange Menschen

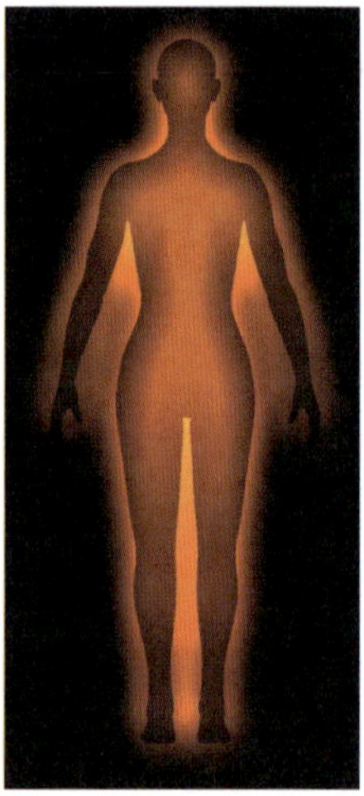

Orange Menschen sind kreativ und begeistern sich für Dinge, an die sie glauben und fokussieren darauf, andere wissen zu lassen, wie sie sich fühlen, sowie diese dazu zu bringen, ihnen zu helfen, vorwärts zu kommen. Sie sind mitfühlend und empfänglich für die Nöte anderer, haben visionäre Ideen und erzeugen guten Teamgeist. Allerdings müssen andere ihre Projekte finalisieren, denn sie sind schon wieder zum nächsten unterwegs. Sie genießen ein aktives und erfülltes Sozialleben, arbeiten hart und sind wahrscheinlich auch ziemlich athletisch.

Ist das Orange auch nur ein wenig trüb, ist mangelndes Selbstbewusstsein, Unsicherheit, Trägheit und das Gefühl eines Lebens ohne Sonne vorhanden.

Gelbe Menschen

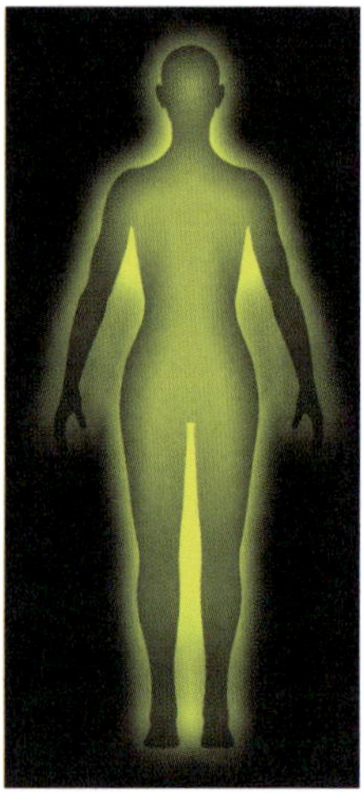

Gelbe Menschen sind klug, optimistisch, intelligent und tatkräftig sowie sensibel und emotional; sie haben tiefe Gefühle und können diese für positive Aktionen einsetzen. Sie sind intuitiv und reagieren oft aus dem Bauch heraus auf Ideen und Menschen. Sie können auch analytisch sein und so Bauchreaktionen und den Enthusiasmus für Aktionen durch logische Gedanken austarieren, sodass die auf Projekte angewandte Energie bestmöglich genutzt werden kann. Wenn der Intellekt und das Bauchgefühl auf einer Linie sind, agieren sie mit Selbstvertrauen und selbstsicher. Sie besitzen Energie und Vitalität, und für sie gilt besonders, wie bei vielen Menschen mit anderen Aurafarben, dass sie, wenn die Sonne scheint, automatisch mit Lebensfreude um ihrer selbst willen reagieren. Liebe und Lachen sind in diesen Zeiten die Schlüsselworte.

Je dunkler das Gelb, desto mehr ist die Person von ihren Gefühlen, Instinkten und anderen Menschen abgeschnitten. Sie verbringt vermutlich zu viel Zeit damit, Dinge zu analysieren und Ausflüchte zu machen, statt zu handeln.

Eine dunkle oder braune Aura ist ein Hinweis, dass man sich müde fühlt, weil man zu viel Verantwortung übernommen hat. Vielleicht lernt die Person auch zu viel oder hat Verantwortung übernommen, die nicht die ihre ist, und fühlt sich durch das Gewicht niedergedrückt. Das ist ein Hinweis, sich Zeit für sich selbst zu nehmen.

Ist die Aura golden, zeigt das die Suche nach einem spirituellen Pfad sowie den Beginn, sich Fragen über die Bedeutung des Lebens zu stellen. Es zeigt auch, dass man versucht, die Probleme der niederen Chakren zu klären, um auf einen höheren Level zu kommen.

Grüne Menschen

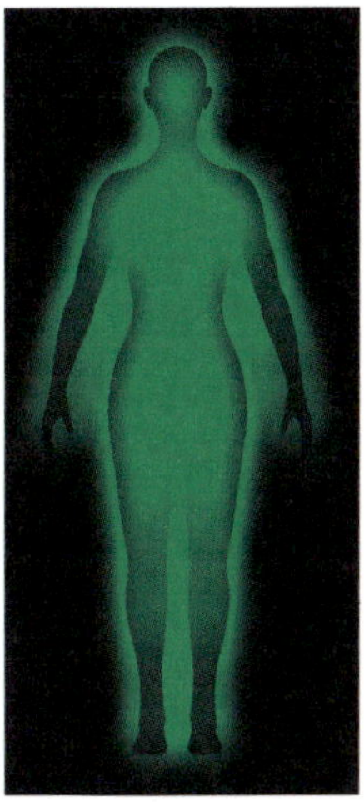

Grüne Menschen habe eine starke und gebieterische Präsenz. Man betrachtet sie als Heiler und Ratgeber, als ruhige, weise Personen und als Lehrer, die von anderen um Rat und Hilfe gebeten werden. Sie sind empathisch, fürsorglich, einfühlsam, liebevoll und mitfühlend und stellen die Bedürfnisse anderer oft vor sie eigenen. Sie sind selbstständig und unabhängig und verlangen Respekt für sich und andere. Sie genießen stimulierende, intellektuelle Gespräche und verfügen meist über viele Interessen. Sie sind übermäßig loyal, müssen sich jedoch geschätzt fühlen.

Jemand mit einer schlammigen oder dunkelgrünen Aura ist möglicherweise besitzergreifend und eifersüchtig – ein Zeichen von Unsicherheit – und vielleicht auch unwillig, Verantwortung für sein Handeln zu übernehmen, und versucht, anderen die Schuld zu geben. Es könnte aber auch sein, dass es sich um eine liebevolle und fürsorgliche Person handelt, die zu viel auf sich genommen hat. Ist die Aura zu dunkel, muss die Person beginnen, auf sich selbst zu achten, denn wenn nicht, wird sie anderen nicht helfen können, auch wenn das ihr Ziel ist.

Blaue Menschen

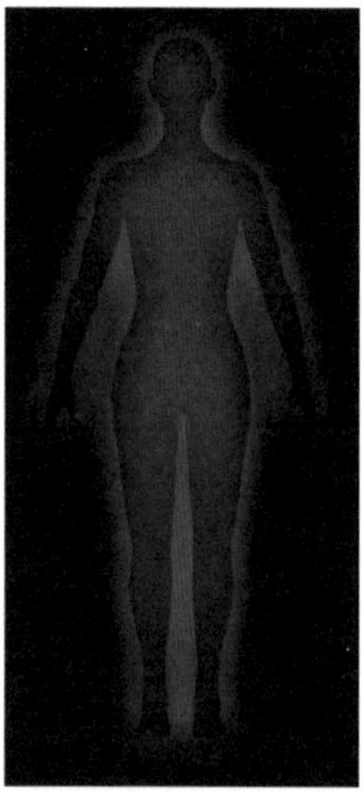

Blaue Menschen werden als großzügig, ehrlich, ruhig und taktvoll gesehen, die ein Gefühl von Frieden ausstrahlen. Andere werden von dieser Energie immer angezogen und suchen solche Personen, wenn sie Sorgen haben. Blaue Menschen haben keine Angst zu sagen, was sie denken oder fühlen. Sie haben eine geradlinige Einstellung und ertragen Narren nur schwer, haben aber eine Menge Mitgefühl für jene, die wirklich in Not sind. Sie sind extrem einfühlsam, intuitiv, expressiv und wahrheitsliebend sowie redegewandt und sind vielleicht im Kommunikationsbereich tätig. Sie werten nicht, sondern sind ruhig und friedlich, voller Energie und können auf andere zugehen und sie inspirieren.

Ist das Blau dunkel und getrübt, hat die Person Angst, sich auszudrücken, vor allem die Wahrheit zu sagen. Eventuell verbergen sie die Wahrheit auch vor sich selbst. Sie können anderen gegenüber misstrauisch sein und müssen vielleicht ständig die Führung übernehmen. Viele Paranoiker haben trübe dunkelblaue Auren.

Indigo-Menschen (Blau-Purpur)

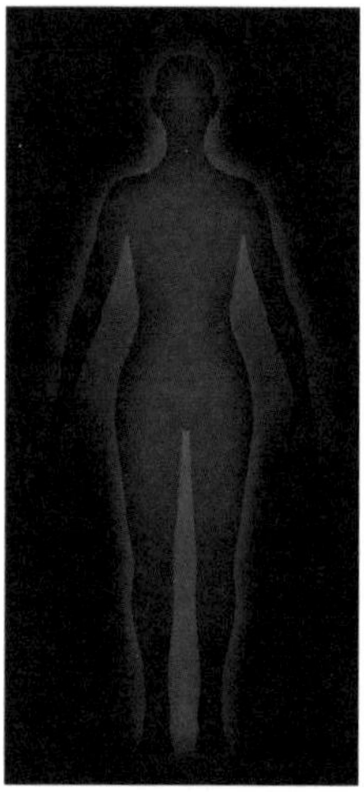

Indigo-Menschen sind in verschiedenen Graden spirituell. Es gibt viele Schattierungen von Purpur, bis zu Indigo und Violett. Diese Menschen sind oft idealistisch mit tiefen Gedanken und Gefühlen, vermutlich auf der Suche nach der Bedeutung des Lebens, können aber manchmal auch ziemlich rigide im Denken sein. Je dunkler das Purpur, desto schwieriger werden sie es finden, innerhalb gesellschaftlicher Normen zu leben, und sie werden versuchen, Dinge zum Besseren zu wenden.

Purpur in der Aura wird mit medialen Fähigkeiten, wie Hellsichtigkeit, Hellhörigkeit und Prophezeiung assoziiert. Das bedeutet, spirituell zu einem höheren Selbst geführt zu werden. Interessiert an allen Formen der Philosophie, fühlt man sich manchmal jedoch wie ein Fisch auf dem Trockenen.

Ist die Aura dunkel und getrübt, bedeutet das eventuell, dass die Person überehrgeizig und aufmerksamkeitsheischend ist und geliebt werden will. Doch zu allererst muss man sich selbst lieben lernen.

Violette Menschen

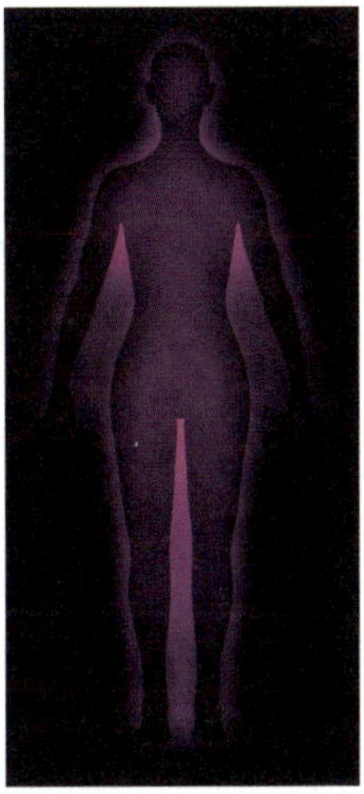

Violette Menschen sind mit dem Göttlichen verbunden. Sie sind extrem fantasievoll und schaffen Träume, und ziehen es häufig vor, in Ihrer Fantasiewelt statt der realen Welt zu leben. Sie leben, um bedingungslose Liebe zu geben und die Welt zu einem besseren Ort zu machen. Ob sie nun Menschen, Tieren oder dem Planeten selbst helfen, heißt nur, dass ihr Fokus nicht auf sich selbst, sondern auf andere gerichtet ist.

Jeder hat manchmal Violett in seiner Aura – Momente der Größe, wenn man mit der universellen, bedingungslos liebenden Energie verbunden ist, die göttlich ist. Viele violette Menschen finden sich unter Nonnen und Missionaren, die sich bemühen, spirituelle Eigenschaften wie bedingungslose Liebe, Freude, Akzeptanz etc. in die Welt zu bringen, indem sie spirituell „sind" und einen entscheidenden Beitrag leisten.

Tipp

Wenn in Ihrer Aura Grau aufscheint, sind Sie vermutlich vom Leben gelangweilt und verbergen wahrscheinlich Ihre Gefühle und Ängste. Das nimmt Ihnen viel von Ihrer Energie, weshalb Sie sich müde und lustlos fühlen könnten. Begrabene Gefühle und Unbefriedigtheit im Leben können sich im Körper ansammeln und Leiden verursachen. Die Stelle, wo sich das Grau in der Aura befindet, kann darauf hinweisen, wo sich die Krankheit zu bilden beginnt. Es bedeutet, dass Sie irgendwo unausgeglichen sind; ein Besuch bei einem Energieheiler könnte helfen, die Ursache des Problems zu erkennen.

Schwarze und weiße Menschen

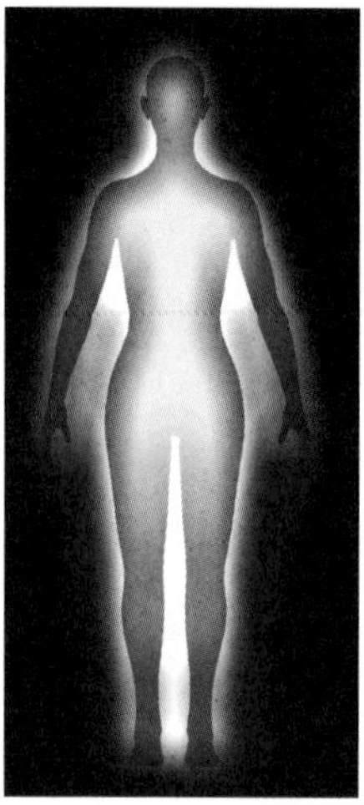

WEISS

Weiß ist extrem selten und scheint meist nur bei Babys auf, wo es nichts als Unschuld gibt. Wenn man eine rein weiße Aura hat, heißt das, dass man wahrlich nicht von dieser Welt ist – nicht geerdet, total unschuldig und wahrscheinlich auf dem Weg zu einem höheren spirituellen Zustand der Existenz. Weiß in einer Aura wird normalerweise einem engelsgleichen Wesen oder einem spiritueller Führer zugeschrieben.

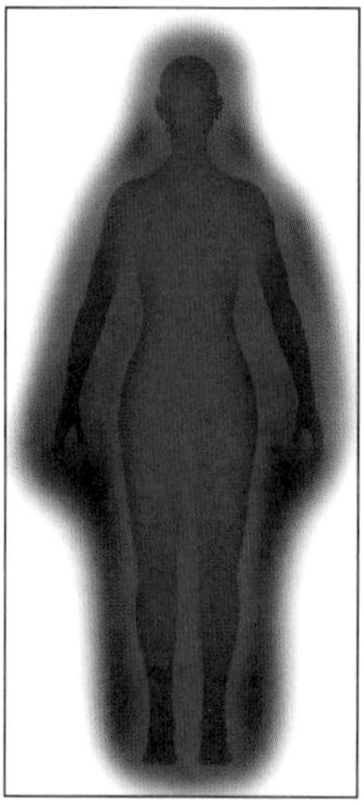

SCHWARZ

Ich habe noch nie eine komplett schwarze Aura gesehen. Schwarze Stellen in einer Aura weisen jedoch meist auf eine ernste Krankheit hin, die möglicherweise durch eine Blockade der spirituellen Energie verursacht wurde. Hat man nur einen schwarzen Fleck, dann weist das auf die Stelle im Körper hin, wo sich eine ernste körperliche Krankheit zu entwickeln beginnt. Wahrscheinlich werden negative Gefühle wie Zorn, Neid, Verbitterung etc. unterdrückt, oder man hat zu viel auf dem Herzen.

Andere Farben

Andere Farbschattierungen kommen in den Auren vieler Menschen vor und können manchmal auch die vorherrschende Farbe sein. Diese Farben sind Pastellfarben, mit weiß gemischt, und werden normalerweise mit einer höheren Schwingung gesehen.

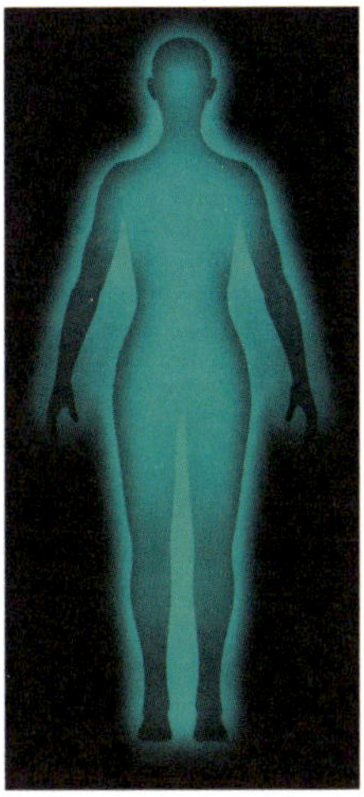

TÜRKIS

Türkise Menschen sind ähnlich wie blaue, doch mit höherer Schwingung. Sie haben keine Angst, innere Wahrheiten auszusprechen. Sie sind gut in jeder Form der Kommunikation, sehr expressiv und können ihre Umgebung zu Höherem inspirieren. Sie lieben die Freiheit und das Reisen und interessieren sich für die antike Welt, Religion und Spiritualität. Sie finden Energie in der Ruhe und haben im allgemeinen eine positive Haltung gegenüber dem Leben. Sie sind äußerst intuitiv und erhalten Geistesblitze beim Stillsitzen.

Ein dunkles, trübes Türkis sieht man selten, denn das würde bedeuten, dass man sich so sehr selbst betrügt, dass sich alles, was man zu sein glaubte, als Lüge erweist. Wenn das so ist, muss eine komplette Neubewertung des Lebens geschehen.

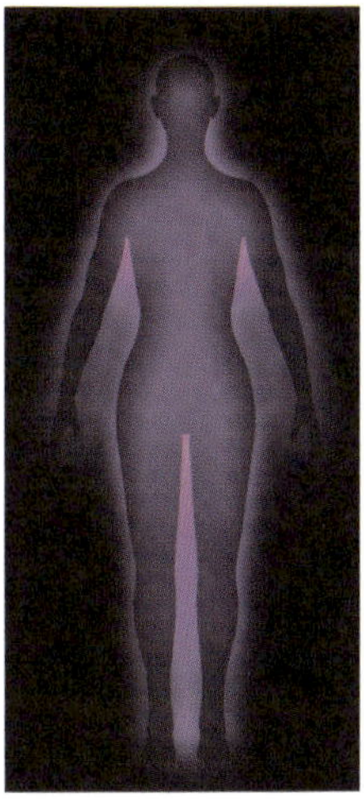

LAVENDEL

Bei einer lavendelfarbenen Aura ist das Kronenchakra offen und die Person schwingt auf hohem Niveau. Es handelt sich um eine schöne Seele, die in der Aura reflektiert wird. Die große Stärke kommt aus einem tiefen Gefühl inneren Friedens. Die Person widmet sich ganz der gewählten Aufgabe und lebt ein Leben in Abgeklärtheit und Anmut. Sie verbindet sich auch leicht mit dem Reich der Engel.

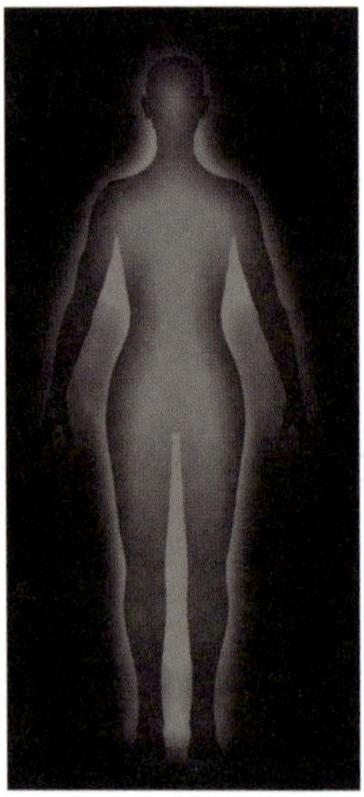

SILBER

Menschen mit einer silbernen Aura besitzen starke mediale Fähigkeiten und können sich auf eine Astralreise begeben. Silber wird mit der göttlichen weiblichen Energie assoziiert.

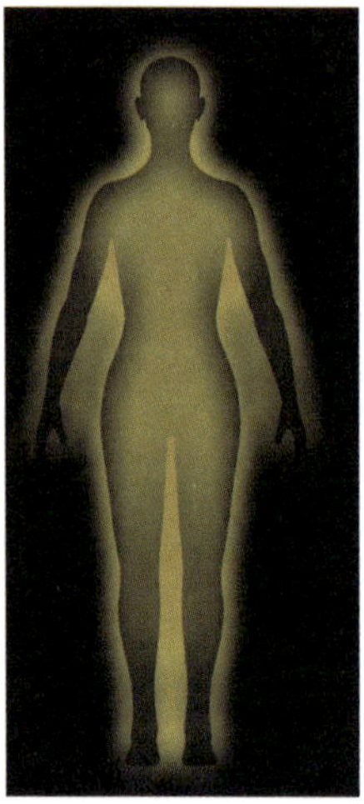

GOLD

Eine goldenen Aura bedeutet starke intuitive und mediale Kräfte. Die Person hat hart an sich gearbeitet und besitzt ein tiefes Verständnis ihrer selbst. Sie entwickelte ihre heilenden Kräfte und ihre Weisheit, ist selbstsicher, glücklich und voller Freude. Die ausstrahlende heilende, fürsorgliche Energie schwingt in hoher Frequenz.

Tipp

Sollten sich Regenbogenfarben in Ihrer Aura befinden, haben Sie ein großes Talent zur Energieheilung. Sind alle Farben des Regenbogens klar abgegrenzt und ausgewogen, sind Sie eine sehr ausgeglichene Person.

Was die Lage der Farben bedeutet

Es gibt keine einfachen Regeln, um Auren zu lesen. Es ist ein sehr intuitiver und persönlicher Prozess, und alle Auren-Leser werden sich im Vorgehen leicht unterscheiden. Jeder muss seine Talente und Methoden optimieren, je nach dem, was für den einzelnen am besten funktioniert. Die folgenden Ideen sind die besten, die mir bis jetzt untergekommen sind.

Wenn man eine Aura liest, muss man sich zuerst einen Gesamteindruck der Hauptfarben verschaffen, die ein gutes Verständnis der Persönlichkeit und Haltung der jeweiligen Person zu einem bestimmten Zeitpunkt vermitteln.

Um mehr in die Tiefe zu gehen, betrachte man die Lage der Farben. Im allgemeinen erzählen die Farben auf der linken Seite der Person über ihre Vergangenheit, was geschehen und aus ihrem Leben verschwunden ist. Die Farben in der Mitte zeigen an, was in der Gegenwart gerade geschieht, und die Farben auf der rechten Seite beziehen sich auf das, was die Zukunft bringen wird.

Wie weit eine Farbe vom Körper entfernt ist, zeigt an, in welcher Schicht der Aura sich diese Farbe befindet, das heißt, ob sie auf ein körperliches, emotionales, geistiges oder spirituelles Problem hinweist.

❋ ❋ ❋

8

AUREN UND BEZIEHUNGEN

Wir sahen uns bereits die vorherrschenden Farben von Auren an, die die äußere Persönlichkeit reflektieren. Niemand ist nur gut oder nur böse oder von einer Farbe. Wir alle haben positive sowie negative Züge, und natürlich gibt es immer noch den Einfluss anderer Leute. Die vorherrschende Farbe in der Aura vermittelt jedoch viele Informationen über die jeweilige Person. Man weiß, das manche Farben besser zusammenpassen als andere, und das gilt auch für Menschen. Zum Beispiel sind Schwarz und Weiß Gegensätze und wenn man sie mischt, ergeben sie verschiedenen Schattierungen von Grau, also alles von einem trüben Schwarz bis zu einem trüben Weiß. Heiratet eine Person mit einer vorwiegend schwarzen Aura jemanden mit einer vorwiegend weißen, wird sich ein Kampf um die Vorherrschaft ergeben, und beide werden weniger sie selbst sein.

Offensichtlich, wenn man hart an sich selbst arbeitet und alle Blockaden auflöst, erhöht man die Anzahl der Schwingungen, was sehr wohl die Gesamtfarbe beeinflussen und ändern kann. Wenn einer der Partner den Weg der persönlichen und spirituellen Entwicklung beschreitet und der andere nicht, kann dies zu einem Bruch führen, weil die beiden nicht länger kompatibel sind. Lassen Sie uns nun nachsehen, welche Farben am besten zusammenpassen, um harmonische Beziehungen zu schaffen, und welche aller Wahrscheinlichkeit nach Konflikte auslösen werden. Die Ergebnisse sind jedoch nicht in Stein gemeißelt, und eines, was man sicher sagen kann ist, dass wenn zwei Leute einander lieben, vermischen sich ihre Auren, und irgendwo in ihren kombinierten Auren wird es Stellen in Rosa geben – der Farbe der bedingungslosen Liebe.

Welche Farben ergeben eine gute Mischung?

In einem Farbenkreis kann man sehen, welche Farben sich gut mischen lassen.

Wie bei allen Farbtheorien passen Primärfarben (Rot, Blau, Gelb) gut zueinander. Zwei Primärfarben lassen sich leicht mischen und ergeben gemeinsam etwas Neues und Originelles. (Mischt man allerdings alle drei miteinander, ergibt das eine schmutzige Farbe.) Das bedeutet, dass die Eigenschaften einer roten Person kombiniert mit jenen einer gelben ein gemeinsames Leben ergibt, das die positiven Eigenschaften beider akzentuiert und ihnen ermöglicht, in der Sekundärfarbe Orange gemeinsam zu leben, und das auch noch in Harmonie.

Man möchte meinen, rot und rot würde gut zusammenpassen, weil diese Menschen so viel gemeinsam haben, tatsächlich werden sie eher zu viel Energie besitzen und sich bald aneinander reiben. Zwei leidenschaftliche, stolze Menschen, die leicht in Zorn geraten, führen zu einer sehr unberechenbaren Beziehung. Andere, weniger stolze Farben können jedoch gute Beziehungen mit Menschen derselben Farbe führen. Orange Menschen passen gut zu anderen orangen, und gelbe Personen verstehen sich gut mit anderen gelben.

Paart man eine Sekundärfarbe mit einer ihrer Primärfarben, ergibt das aufgrund ähnlicher Eigenschaften eine harmonische Beziehung. Eine orange Person wird sich also sowohl mit einer roten als auch einer gelben Person gut verstehen.

Häufig geraten Farben, die nahe beieinander sind, durch ihre Ähnlichkeiten, die um Dominanz kämpfen, in Konflikt, doch wenn beide sich anstrengen, einander zu lieben, kann die Beziehung gelingen.

Wir alle kennen den Ausdruck „Gegensätze ziehen sich an". Das gilt auch, wenn man sich die Persönlichkeitstypen ansieht, die sich in Beziehungen gut verstehen, wenn jeder Partner gegensätzliche Eigenschaften einbringt. Darunter sind:

- Rot und Grün
- Blau und Orange
- Gelb und Violett

Jede einzelne Farbe besitzt ihre eigen Stärken und Schwächen in Beziehungen. Der Erfolg einer Beziehung hängt auch davon ab, ob jemand von den positiven oder negativen Aspekten der Farbe aus operiert. Jeder Mensch ist einzigartig, und jeder von uns befindet sich auf einer unterschiedlichen Teilstrecke der Entwicklung. Als Mensch scheint man zu glauben, dass man für eine einzige Beziehung für den Rest des Lebens geschaffen ist und verbringt vielleicht sein ganzen Leben damit, „die eine" zu suchen. Die Wahrheit ist jedoch, dass wir Seelen im Prozess der Entwicklung sind, was mich darüber nachdenken lässt, warum wir glauben, dass das notwendig ist. Nur wenige haben eine einzige Beziehung. Als Teenager gehen die meisten viele Beziehungen ein, wenn man versucht zu entdecken, nicht nur wer man ist, sondern auch, was man von einer Beziehung erwartet. Wenn sich unsere Auren mit denen der anderen vermischen, entdecken wir, mit wem wir kompatibel sind, und wer für uns nicht geeignet ist.

Wenn man die Grundfarbe eines potentiellen Partners identifiziert, kann das viel Zeit sparen. Nachstehend sind die grundlegenden romantischen Bedürfnisse jeder wichtigen Farbe. Lesen und schauen Sie, welche Farbe am ehesten zu Ihnen passt.

Rot

Rote Menschen haben so viel Energie, dass körperliche Aktivität für sie ein Muss darstellt, und ein aktives, leidenschaftliches Sexualleben ist für ihr Wohlbefinden wichtig. Weil sie so unberechenbar sind, brauchen sie einen Partner, der ihre Energie und Launen aushält. Das muss jemand sein, der sich ihnen entgegenstellt, ohne sie zu überwältigen. Rote Menschen sind Gesellschaftstiere, deshalb müssen ihre Partner entweder Freude an einem aufregenden und geschäftigen Gesellschaftsleben haben, oder hinnehmen, dass der rote Partner sich ohne sie in gesellschaftlichen Wirbel begibt. Rote Menschen mögen unberechenbar sein, doch ihrer Meinung nach ist die Versöhnung der beste Teil eines Streits, und möglicherweise in erster Linie sogar der Grund dafür.

Die beste Verbindung wäre vermutlich mit einer orangen Person, solange beide selbstsicher und nicht eifersüchtig sind. Grün könnte auch ein guter Partner sein, besonders wenn man gemeinsame Ziele hat. Der Ehrgeiz der Grünen und die Energie der Roten ist eine aufregende Kombination, und das rote Ungestüm würde durch den gesunden grünen Menschenverstand ausgeglichen.

Orange

Orange Menschen brauchen viel Freiraum und viel Zeit, um allein zu sein. Das bedeutet nicht, dass sie ihren Partner nicht lieben; sie müssen nur sie selbst sein zu dürfen und brauchen die Zeit allein, um ihre Batterien wieder aufzuladen. Orange Menschen sind extrovertiert und es macht Spaß, mit ihnen zusammen zu sein, doch sie wollen nicht emotional involviert werden. Sie brauchen einen Partner, der ihr Bedürfnis nach Freiheit versteht und unterstützt, dabei selbstsicher ist und nicht klammert oder den Partner überfährt.

Am besten passt ein oranger Partner, denn die beiden wären fähig, gegenseitig das Bedürfnis nach Freiraum und sie selbst zu sein zu respektieren. Auch der Ehrgeiz eines entspannten Grünen würde die orange Energie mit Zurückhaltung im Zaum halten, sodass sich beide entspannen können.

Gelb

Gelbe Menschen brauchen Spaß, deshalb muss ein Partner sowohl Spielgefährte als auch Liebhaber sein. Sie sind sehr optimistisch, kreativ und brauchen Zeit, um ihre besondere Form von Kreativität verfolgen zu können. Sie ziehen intellektuelle Gespräche vielen anderen Dingen vor, ihr Geist ist rege und sie lernen ständig Neues und probieren neue Dinge aus. Sie sind unbeschwert, witzig und flirten gerne. Wenn sie mit ihren Gefühlen im

Einklang leben, sind sie ausdrucksstark und aufgeschlossen, doch die Mehrheit unter ihnen hat ihre Gefühle gut im Griff und ist sich der rauen Emotionen, die unter ihrer lebhaften und extrovertierten Persönlichkeit liegen, nicht bewusst. Sie können ziemlich verletzlich sein, doch sie werden das wahrscheinlich nicht zeigen. Sie brauchen einen Partner, der sanft, freundlich und unterstützend ist. Sie werden nicht versuchen, ihrem Partner zu gefallen und brauchen ständig Rückversicherung. Wenn sie stattdessen kritisiert werden, kann es sein, dass sie aufgeben. Sie benötigen einen Partner, der sie liebt wie sie *sind*, und nicht die Person, die sie gern sein wollen.

Am besten passt eine andere gelbe Person – das würde eine höchst stimulierende und sexuelle Beziehung. Beide brauchen Raum, Freiheit und Vertrauen basierend auf Ehrlichkeit. Solange beide das bekommen, gibt es keine Probleme. Was sie aneinander bindet ist das beiderseitige Bedürfnis nach tiefen emotionalen Bindungen innerhalb einer Beziehung von Freiheit und Vertrauen.

Grün

Grüne Menschen haben eine sehr praktische Haltung gegenüber ihren Beziehungen und dem Leben. Dinge müssen ihnen Spaß machen, dabei verstecken sie häufig ihre Gefühle. Grüne Menschen sind meist ausgeglichen, intelligent und ehrgeizig, demnach findet man sie häufig im Geschäftsleben. Sie sind begeisterungsfähig, sehr loyal und wollen, dass ihre Beziehung erfolgreich ist – also werden sie auch hart dafür arbeiten. Leider passt Grün zu vielen anderen Farben. Deshalb übernehmen grüne Menschen oft Energie und Farbe ihrer Partner, sodass sie nicht mehr sie selbst sind, weil sie versuchen, sich so gut wie möglich an die Energie des Partners anzupassen. Je länger sie mit jemandem zusammen sind, desto mehr werden sie wie der Partner werden. Grenzen zu setzen und einzuhalten kann schwierig für sie sein. Als natürliche Heiler wollen sie anderen helfen und vergessen dabei oft, ihre *eigenen* Bedürfnisse zu artikulieren und sich selbst zu helfen oder um Hilfe zu bitten, wenn sie welche brauchen.

Die beste Verbindung wäre mit einer rosa Person. Rosa und grüne Menschen sind beide voller Liebe, wobei Grüne mehr praktisch orientiert und rosa Menschen Träumer sind. Wenn die Träume beider übereinstimmen, dann wird die Beziehung gut funktionieren. Alternativ könnten sich orange Menschen bei grünen gut entspannen, und der grüne Pragmatismus würde Orange in Schach halten, ohne es zu überfahren.

Rosa

Rosa Menschen sind romantisch, zartfühlend und träumerisch, wobei sie tatsächlich glauben, ihre Träume würden sich erfüllen. Sie sehen das Beste im Menschen und würden es nicht tolerieren, wenn man jemanden, dem sie zugeneigt sind, als Person ausgemacht, die nicht diese ist, für die sie sie halten. Sie sehen die Liebe und das Leben durch die rosarote Brille, und wenn diese Brille gewaltsam entfernt wird, können sie leicht zusammenbrechen. Sie sind jedoch optimistisch und stehen üblicherweise wieder auf und rücken die rosarote Brille zurecht, denn andernfalls würde die Welt für ihre liebevollen Herzen zu schrecklich sein, um damit zurechtzukommen. Sie brauchen Partner, die gleich romantisch sind wie sie und ihre Träume teilen. Wenn sie ein wenig praktischen Sinn besitzen, schaffen sie es vielleicht sogar, ihre Träume zu verwirklichen.

Am besten passen grüne Menschen zu ihnen, aber auch türkise. Rosa und türkise Menschen sind so lange ineinander vernarrt, bis einer von beiden eine Schwäche am anderen entdeckt, doch dies ist eher unwahrscheinlich, da Schwächen unter den sprichwörtlichen Teppich gekehrt würden. Keiner der beiden ist besonders ehrgeizig, und so verstehen sich die beiden gut in ihrem rosaroten Paradies.

Blau

Blaue Menschen brauchen totale Hingabe. Sie sind sehr sensible, fürsorgliche Seelen, die nach völliger Intimität mit ihren Partnern streben. Wenn sie mit ihren tieferen Gefühlen verbunden sind, dann kommunizieren sie gewandt und erwarten dasselbe vom Gegenüber. Wenn dem nicht so ist, erwarten sie vom Partner, dass dieser „weiß“, wie sie sich fühlen – ohne dass sie das offen aussprechen müssen. Natürlich sind deren Annahmen oft falsch und das kann zu vielen Missverständnissen führen. Blaue Menschen brauchen Partner, die ihre Emotionen und Gefühle einfühlsam und offen ausdrücken können.

Am besten passen sie zu gelben Menschen, solange die nicht eifersüchtig sind, denn das würde die Beziehung zerstören. Gelb ist emotional, tatkräftig und freigeistig, während blau, ruhig, friedliebend und heilend ist. Wenn es sich um zwei ausgeglichene Menschen handelt, sollte die Beziehung erfolgreich verlaufen. Eine Alternative ist Türkis. Blau und Türkis sind beide an Kommunikation gebunden, und der türkise Teil wird tiefe und bedeutende Gespräche sicherstellen und den blauen Partner ermutigen, seine Gefühle auszudrücken. Gemeinsam sind sie entspannt; nicht viel versetzt sie in Aufregung und sie werden harmonisch leben.

Türkis

Türkise Menschen lieben eine offene, ehrliche und unbeschwerte Beziehung, in der sie sich entspannt fühlen. Vertrauen ist ihnen sehr wichtig, genauso wie Schönheit, Humor und intellektuelle Interaktion. Sie können idealistisch sein, doch wenn ihre Erwartungen nicht erfüllt werden, sind sie schnell entmutigt. Integrität ist sehr wichtig, deshalb brauchen sie einen Partner, der sich klar ausdrückt und immer für sie da ist. Werden sie enttäuscht, können sie schwer verzeihen, doch Lektionen nehmen sie sich zu Herzen und wachsen mit ihren Erfahrungen, statt Groll zu hegen. Sie übernehmen Verantwortung und teilen ihre Erfahrungen mit anderen. Türkis steht für die Umwandlung von negativen Erfahrungen in positive, deshalb werden solche Menschen keine Partner akzeptieren, die sich als Opfer wahrnehmen.

Am besten passen türkise Menschen zu türkisen, denn sie sind sensibel und zart. Sie kommunizieren auf derselben Wellenlänge, sind sorglos und ziehen es vor, mit dem Strom des Lebens zu schwimmen, statt eigene Ziele zu verfolgen. Sie sind vielleicht ein wenig verletzlich, doch wegen ihrer Sensibilität und Kommunikationsfreude gibt es wenig Missverständnis und viel gegenseitige Unterstützung.

Violett

Violette Menschen lieben es in den Tag zu träumen. Sie sind intuitiv und künstlerisch veranlagt, und haben eine lebhafte Fantasie. Sie haben gern den Kopf in den Wolken und finden es schwer, mit der harten Lebensrealität umzugehen. Verletzt man sie, entsprechen sie dem Sprichwort „gebranntes Kind scheut das Feuer“ und brauchen sehr lang, um wieder Vertrauen zu fassen und ihre Gefühle zu teilen. Liebe und Sex laufen bei ihnen Hand in Hand, Sex für sich selbst ist für sie ein Anathema. Sie verfügen aber auch über überraschend dynamische Persönlichkeiten und erweisen sich als gute Anführer, weil sie visionär sind und andere mit innere Stärke und Vertrauen inspirieren. Violette Menschen brauchen Partner, die ihre wildesten Träume verstehen und mit ihnen zu höchsten Höhen aufsteigen – Partner sollten also vom gleichen Schlag sein.

Ein anderer violetter Mensch passt am besten zu ihnen. Sie sehen einander als Seelenverwandte und hassen es, getrennt zu werden. Sie werden in ständiger Verbindung bleiben, wo auch immer in der Welt sie sich befinden. Sie gehen oft ineinander auf, sodass sie sich manchmal vom Rest der Welt abkapseln. Und sie werden sich vollkommen darauf konzentrieren, ihre Träume zu verwirklichen.

Indigo

Indigo-Menschen sind tief spirituell und hier, um anderen ein Beispiel zu geben. Sie leben ein spirituelles Leben im Einklang mit ihrem Seelenzweck. Sie sind unabhängig und lassen sich weder von sozialen Standards Grenzen setzten, noch erlauben sie sich, in bezüglich des Verhaltens oder einer Gruppe eine Schublade gesteckt zu werden. Auch dem Druck von Peer-Gruppen geben sie nicht nach. Sie gehen ihren eigenen Weg und geben dabei ein Beispiel, wie man ein spirituelles Leben führt, denn sie haben bereits gelernt, bedingungslos zu lieben, und haben Werturteile, Scham und Schuld lange hinter sich gelassen. Das bedeutet nicht, dass sie mit dem Strom schwimmen, sondern dass sie starke Überzeugungen haben, nach denen sie leben. Ein anderer Indigo-Mensch passt am besten zu ihnen, denn sie respektieren einander und verstehen sich intuitiv. Auch Violett und Blau passt gut zusammen, obwohl beide Partner starke Meinungen vertreten und wahrscheinlich in manchen Angelegenheiten einig, in anderen uneinig sind.

Lavendel

Lavendelfarbene Menschen sind sehr intuitive, sanfte und fürsorgliche Freigeister. Ihre Sinne sind hoch entwickelt, deshalb sehen sie die Energien anderen und verbinden sich mit ihnen. Sie können sehr verletzlich sein und ihre Fantasie kennt keine Grenzen. Sie müssen sich frei fühlen, um die Welt zu erkunden, während sie gleichzeitig sanfte, fürsorgliche Beziehungen aufrecht erhalten. Sie sind sich ihrer spirituellen Natur voll bewusst und haben nicht nur viel bedingungslose Liebe zu verteilen, sondern benötigen sie auch selbst. Ihr Geist muss frei sein, um sich selbst zu verwirklichen, ihre Liebe zu teilen und zu versuchen, die Welt zu verbessern. Sie können jedoch auch manchmal völlig mutlos sein und Liebe und Unterstützung benötigen, um wieder auf die Beine zu kommen.

Die beste Verbindung ist mit einem violetten oder lavendelfarbigen Menschen, wegen der freien und einfachen Beziehung untereinander. Sie werden das Gefühl haben, sich schon in einem früheren Leben begegnet zu sein – was wahrscheinlich auch so ist. Solange sie die gegenseitigen Träume und spirituellen Wünsche respektieren, sollten sie eine höchst lohnende, lebenslange Beziehung führen.

Weiß

Wenn jemand eine rein weiße Aura hat, schwingt er wahrscheinlich auf einem Level, der nicht von dieser Welt ist. Die Chancen, dass er sich in einer Beziehung befindet, sind äußerst gering. Wahrscheinlich handelt es sich eher um Mönche oder Nonnen, die ihr Leben einer spirituellen Sache gewidmet haben. Wenn sie doch in einer Beziehung leben, dann entweder mit einem rosa oder magentafarbenen Menschen, die beide liebevoll und sanft sind.

Silber

Silber ist Farbe der Reinheit und Unschuld, oft zu finden in Auren von kleinen Kindern. Bei Erwachsenen wird es mit außergewöhnlichen, medialen Fähigkeiten assoziiert sowie mit starkem Glauben an die Einheit von Menschen, Tieren, Planeten und dem gesamten Universum. Sie stehen in enger Verbindung mit der inneren, göttlich-weiblichen Energie, welchem Geschlecht sie auch angehören. Ist die Aura hell, sind sie für neue Ideen empfänglich und haben eine äußerst fürsorgliche Ader. Silber assoziiert man auch mit Astralreisen. Die beste Verbindung ist mit lavendelfarbenen oder rosa Partnern, wegen ihres sensiblen Charakters. Türkise und Indigo-Menschen wären auch möglich, goldene Personen wären exzellent geeignet, weil sie auch spirituell auf einer Linie sind.

Gold

Gold bedeutet meist eine aktivierte und erweckte spirituelle Energie. Es ist die Farbe großer Weisheit und Wissens. Gold schwingt in hoher Frequenz und verbindet sich mit höheren Dimensionen, deshalb tritt sie auch nicht sehr häufig auf. Sie repräsentiert die göttlich-männliche Energie des Universums. Silber ist eine gute Verbindung für Gold, wie auch andere sanfte und spirituelle Farben, darunter Violett, Indigo und Grün.

Eine Übersicht der Übereinstimmungen

Zusammenfassend sind hier einige Farben, die gut zusammenpassen:

Farbe	Übereinstimmung
Rot	Gelb, Grün, Orange
Orange	Rot, Gelb, Orange, Blau, Grün
Magenta	Rot, Blau, Weiß
Rosa	Rot, Weiß, Blau, Magenta, Grün
Gelb	Gelb, Rot, Blau, Grün, Orange
Grün	Blau, Gelb, Orange, Rosa, Violett
Blau	Gelb, Rot, Blau, Violett, Indigo
Violett	Rot, Grün, Blau, Gelb, Violett, Indigo, Türkis, Lavendel
Indigo	Blau, Violett, Indigo, Rot
Lavendel	Violett, Silber, Gold, Türkis
Silber	Türkis, Lavendel, Rosa, Indigo
Gold	Gelb, Silber, Violett, Indigo, Grün, Magenta

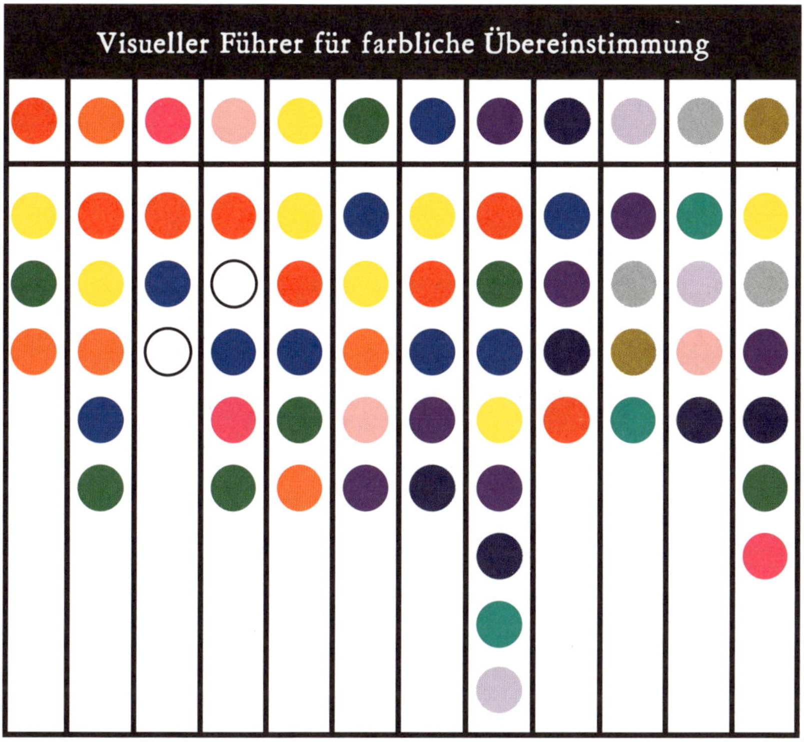

Das bedeutet nicht, dass man keine gute Beziehung mit jemandem führen kann, der nicht als Farbe gelistet ist, die gut zu einem passt, sondern man muss nur härter an der Beziehung arbeiten. Es werden immer auch andere Sachverhalte mitspielen; vertrauen Sie deshalb Ihrem Instinkt und seien Sie bereit, andere so anzunehmen, wie sie sind, und seien Sie glücklich dabei. Wenn dem nicht so ist, überprüfen Sie Ihre Auren, um zu sehen, was los ist, und machen Sie von dort aus weiter.

✵ ✵ ✵

9

AUREN UND GESUNDHEIT

Stimmungen, Emotionen und Gesundheit können die Aura auf unterschiedliche Art beeinflussen. Die Aura reflektiert alles in einem Menschen zu einem bestimmten Zeitpunkt – das körperliche, emotionale, geistige und spirituelle Wohlbefinden, alles was man jemals gelernt hat und ob man mit seinem Seelenzweck in Einklang lebt. Ist man glücklich und gesund, hat man eine glücklich und gesund aussehende Aura. Sie wird hell und glänzend sein, und man selbst fühlt sich voller Energie. Ist man müde oder lethargisch, wird die Aura auch das widerspiegeln und irgendwo zwischen nicht sehr hell und völlig dumpf erscheinen. Sie könnte auch dunkle oder schmutzige Flecken aufweisen oder sogar eine Träne.

Andrerseits kann man Stimmung und Energie auch heben, indem man die Aura aufhellt und stärkt. Einfache Dinge können einen großen Unterschied bewirken, wie ein Ausflug in den Park oder einfach ins Freie gehen; oder etwas Training wie Walken, Laufen oder Schwimmen; oder eine Plauderei mit Freunden. Doch es gibt auch noch schnellere und leichtere Wege, seine Aura aufzuhellen. Frisches Obst als gesunden Snack zu essen, hilft dabei oder auch ein paar Blumen zu Hause oder am Arbeitsplatz. Fünf Minuten aus dem Bürofenster auf etwas Schönes in der Natur zu blicken, macht einen Unterschied. Sich im Verkehrsstau eine Minute auf das Atmen zu konzentrieren, steigert das Wohlbefinden und hellt die Aura auf.

Tipp

Wenn Sie sich müde oder gestresst fühlen, setzen Sie sich fünf Minuten ins Freie und Sie werden sich besser fühlen. Oder starren Sie fünf Minuten aufs Wasser – auf das Meer, einen Fluss, einen Teich, einen Brunnen oder eine Vogeltränke. Sie werden sich danach entspannter und positiver fühlen und damit Ihre Aura aufhellen und aufladen. Wenn Sie feststecken und keine Antwort auf ein Projekt oder ein Problem finden, stellen Sie sich ans Fenster und blicken Sie einen Augenblick in den Himmel. Wolkenformationen zu beobachten, kann Ideen wieder zum Sprießen bringen.

Was Farben über die Gesundheit aussagen

Frühe Hinweise auf eine Krankheit können in der Aura aufscheinen. Da die Energie der Person reflektiert wird, könnte die Aura, wenn sich die Person niedergeschlagen fühlt, dumpf und leblos erscheinen. Mit der Übermittlung von Energie, mittels eines Energieheilers oder eines positiven Energieschubs einer natürlichen Quelle, kann die Aura gehoben werden und somit der ganze Mensch. Wann immer man sich unwohl fühl, oder weiß, dass man krank ist oder an etwas leidet, sollte man einen Arzt aufsuchen. Die Arbeit mit der Aura ist kein Ersatz für medizinische Untersuchungen oder Behandlungen, doch sie kann als begleitende Therapie neben der ärztlichen helfen, die Heilung voranzutreiben.

Wenn man krank ist, können dumpfe, graue oder schwarze Flecken auftauchen und verschwinden, wie Gedanken, die durch den Kopf schießen. Farben können verblassen, oder es bilden sich wie in dem hier gezeigten Beispiel rote, zornig aussehende Flecken, die auf Leiden wie Sinusitis oder Halsschmerzen hinweisen. Die Lage dieser Flecken oder Stellen mit niedriger Energie zeigen an, wo potenzielle Probleme liegen könnten. Wenn man das weiß, kann man sein Leben ausbalancieren und medizinische Hilfe suchen, um potenzielle Krankheiten im Keim zu ersticken.

Farben in der Aura können auch auf emotionales oder spirituelles Unwohlsein deuten. Ein dunkles Sakralchakra innerhalb der Aura ist auch ein Hinweis auf große Unsicherheit. Türkis an der Basis oder oben auf dem Bild zeigt eine Transition an, sodass die Person sich vielleicht gerade aus ihrer Unsicherheit löst und einen Schritt vorwärts in eine neue und positive Geisteshaltung macht. Man sieht auch Violett ganz rechts außen, was anzeigt, dass eine spirituellere Perspektive auf dem Weg ist.

Der heilende Baum

Es gibt unzählige Komplementär-Therapien wie Reiki, Schamanismus und Auraheilung, die ich in diesem Buch bespreche. Sie stammen aus der ganzen Welt und stehen allen zu Verfügung, die sich damit verbinden und daraus lernen wollen, abhängig von ihrem eigenen Glaubenssystem. Obwohl sie alle unterschiedlich zu sein scheinen, glaube ich, dass sie alle aus einer Quelle stammen, die man als Baum sehen könnte. Der Samen ist eingepflanzt. Wir sehen ihn nicht und wissen wahrscheinlich gar nicht, dass er da ist, bis er zu wachsen beginnt. Beim Wachsen bilden sich Wurzeln, die man mit den Vorstellungen des Schamanismus und Erdenergie wie Kristallheilung in Verbindung bringen könnte. Der Stamm wächst hinauf in die Luft und so wird spirituelle Heilung geschaffen. Dann bilden sich neue Äste, die man mit

Reiki, Rekonnektions- und Quantenheilung assoziieren könnte. Aus diesen bilden sich neue Zweige, die man mit Sufi-Reiki, Tera-Mai-Reiki, Engel-Reiki, Sechem-Reiki, und so weiter in Verbindung bringen könnte.

Persönlich glaube ich, dass wir alle unbewusst heilen. Wenn zum Beispiel ein Kind weh hat, werden Eltern das „wegküssen". Heilende Energie ist nichts anderes als die Macht der Liebe, die man einer Seele ohne Bedingungen für ihre eigenen Zwecke anbietet. Wie immer man es nennt und wie man es macht, es kommt immer von derselben Stelle und je mehr man zur Energiequelle wird, desto stärker wird die Heilkraft, mit welcher Etikette man sie auch versieht. Der einzige Weg, näher an die Energiequelle und an das Göttliche in uns zu kommen, ist sich selbst von seinen Problemen zu heilen. Vielleicht muss man Blockaden lösen, ob es sich um negative Einstellungen oder Kindheitstraumata handelt, die bereits vergessen sind, jedoch immer noch im Energiekörper der Chakren und somit in der Aura vorhanden sind.

Aura-Therapien

Zuerst müssen wir definieren, was wir unter Heilen verstehen. Heilung ist keine Kur und ist auch nicht als solche gedacht. Ein Heiler verbindet sich direkt mit der universellen bedingungslosen Liebe (die man als Engel, als Gottheit, als Energiequelle oder etwas Anderes, was man als passend betrachtet, sehen kann). Dann leitet der Heiler diese Energie direkt auf die Person, mit der er arbeitet. Die Seele dieser Person verwendet die Energie für das, was sie als ihr höchstes Gut betrachtet. Ziel des Heilers ist es, ein leerer Kanal für Energie zu sein, als darüber nachzudenken, wofür die Energie verwendet wird. Heilende Energie kann auch einer Seele helfen, ins Jenseits zu gelangen, blockierte Energien zu lösen, oder eine Person wieder in Balance bringen, damit sie sich selbst heilen kann.

Es ist für jeden schwer, sich selbst zu heilen, denn man hat die Tendenz, zu tun, was man für das beste hält, was aber nicht immer das beste ist. Ein Beispiel wäre, ein Haustier am Leben zu erhalten, wenn dessen Seele sagt, es sei Zeit zu gehen, oder zu versuchen, die Symptome einer Krankheit zu heilen, statt die Krankheit selbst. Schlimmer noch ist zu denken, dass man glaubt, die Ursachen dafür zu kennen, und sich darauf konzentriert, diese zu behandeln, statt die Energie tun zu lassen, was sie tun will – und überzeugt zu sein, dass die Energie falsch liegt.

Je besser man Traumata aus der Vergangenheit, negative Überzeugungsmuster etc. heilen kann, desto klarer werden der Energiekörper und die Aura werden. Man wird nicht nur gesund sein, sondern auch auf einem höheren Energielevel schwingen sowie diese höheren Schwingungen an andere weiterleiten.

Wie Energieheilen und Aura-Therapie funktionieren

Jeder Heiler, welche Therapie er auch anwendet, wird immer eine oder mehrere Schichten einer Aura bearbeiten. Bei einer Körpertherapie wie einer Massage, arbeitet man auf der körperlichen Ebene, doch wenn sich der Therapeut um eine Person herum bewegt, fließt auch seine Energie in die Aura.

Eine Seele verwendet heilende Energie in allen Formen für den höchsten Zweck. Während man wünschen mag, es sei eine Kur, ist das vielleicht nicht die Absicht der Seele. Einige Menschen haben tief verwurzelte, unbewusste Probleme, wobei heilende Energie manchmal helfen kann, doch wenn das Bewusstsein nicht bereit ist, können und werden sie die Energie abweisen.

Tipp

Unsere Aura lässt sich am einfachsten aufbessern, indem man das ändert, woran man gerade denkt. Versuchen Sie dieses Beispiel:

Denken Sie an eine Erinnerung oder an etwas, von dem Sie fürchten, dass es eintritt, etwas, was Sie traurig macht. Nehmen Sie wahr, wie Sie sich fühlen, wie Sie sitzen oder stehen, was in Ihrem Körper vorgeht.

Nun ändern Sie das, woran Sie denken – erinnern Sie sich an etwas Schönes oder denken Sie an etwas, worauf Sie sich freuen. Nehmen Sie wahr, wie Sie sich fühlen, wie Sie sitzen oder stehen, was in Ihrem Körper vorgeht. Diese Veränderungen spiegeln sich in Ihrer Aura wider.

Man muss kein Heiler sein, um sich selbst und anderen zu helfen, die Aura zu reinigen. Schließlich muss jeder irgendwo anfangen. Wir haben bereits besprochen, wie innere Unausgeglichenheit sich in der Aura und den Chakren widerspiegeln. Nun können wir mit einigen einfachen Mitteln und Techniken den Prozess der Reinigung und des Ausgleichs des Energiesystems, und somit des Lebens, beginnen.

Einfache Aura-Therapie

Hier würde ich Sie gerne an den früheren Abschnitt über die Bedeutung der Fantasie und des Unbewussten erinnern (Seite 43), denn wenn Sie Ihre Fantasie aktiv einsetzen, werden Sie bei den folgenden Übungen, die darauf abzielen, Ihre Aura zu reinigen und mit Energie zu versorgen, viel bessere Ergebnisse erzielen.

ÜBUNG 1
AUFPLUSTERN

Beginnen Sie stehend, beugen Sie sich nach unten und fangen Sie an, beginnend bei den Füßen bis zum Kopf, die Aura aufzuplustern. Das ist leichter bei jemandem anderen durchzuführen, als bei sich selbst, doch es ist machbar. Machen Sie es an der Vorderseite und stellen Sie sich vor, jemand anderer macht es an der Rückseite. Manche verwenden eine Feder zum Aufplustern, zum Beispiel ein Schamane der amerikanischen Ureinwohner würde eine Adlerfeder verwenden und dabei Räucherwerk aus weißem Salbei verbrennen. Ein Praktiker von Engel-Reiki würde eine weiße Schwanenfeder benützen und gleichzeitig Weihrauch verbreiten. So wird das Aufplustern mit dem Element des Feuers kombiniert.

ÜBUNG 2
DIE ELEMENTE

Man kann auch jedes natürliche Element von Erde, Luft, Feuer und Wasser in einer Aura-Therapie verwenden – entweder allein oder in Kombination.

Feuer: Zünden Sie Salbei oder ein Räucherstäbchen an und führen Sie den Rauch durch Ihre Aura, wobei Sie sich vorstellen zu sehen, zu spüren und zu fühlen, wie der Rauch jede negative Energie in Ihrer Aura beseitigt und verbrennt.

Erde: Ein Spaziergang im Freien wird Sie erfrischen und beleben. Sie können sich auf die Erde setzen und sich vorstellen, wie jede negative Energie in Ihrem Körper und Ihrer Aura über Ihre Füße in die Erde fließt und wieder in positive Energie umgewandelt wird.

Luft: Stellen Sie sich vor, der Wind bläst durch Ihre Aura und entfernt jede negative Energie und sendet sie zurück ins Universum, damit sie dort gereinigt und als positive Energie wieder in positive Energie umgewandelt wird.

Wasser: Das ist die leichteste Übung. Immer wenn Sie unter der Dusche stehen, stellen Sie sich vor, wie das Wasser Ihre Aura reinigt. Während es durch Ihre Aura und über den Körper fließt, sammelt es jede negative Energie auf und nimmt diese mit in den Abfluss, zurück ins Meer, wo es in positive Energie umgewandelt wird. Sehen, spüren und fühlen Sie wie die ganze graue Negativität abrinnt, bis das Wasser, das von Ihnen abfließt wieder rein und hell ist. Bitten Sie einfach die höhere Macht, die Ihrer persönlichen Glaubensstruktur innewohnt – ob es sich um die göttlich-universelle Energie, Gott, einzelne Gottheiten wie Isis oder Shiva, Engel oder Spiritueller Führer handelt –, Ihre Energie zu reinigen und aufzufrischen. Stellen Sie sich vor, wie die universelle Energie durch Ihr Kronenchakra eintritt und jedes der Chakren reinigt, mit Energie auflädt und ausbalanciert und dabei Ihre Aura rein und hell zurücklässt.

Sich gegen Energieabsaugen schützen

Wenn Sie den ganzen Tages unterwegs sind, nehmen Sie negative Energien von anderen auf, außer Sie wissen, wie man die Aura schützt, was wir später besprechen werden. Nehmen Sie zum Beispiel wahr, wie sich Ihre Stimmung ändert, wenn Sie auf jemanden mit schlechter Laune treffen. Letztendlich werden Sie sich schlechtgelaunt fühlen bis sie deren Energie wieder abschütteln oder sich bewusst vorstellen, wie sie aus Ihrer Aura wieder abfließt.

Wenn Sie mit jemanden zusammen sind, der eine Stunde lang über etwas jammert, dem sie sich nicht gewachsen fühlen, werden Sie bemerken, wie müde und ausgelaugt Sie sich fühlen, weil diese Leute unbewusst Ihre Energie absaugen. Sie können sich dagegen schützen, indem Sie sich einfach auf Ihre Atmung konzentrieren. Stellen Sie sich vor, Sie atmen die universelle Energie durch Ihre Stirn in Ihr Herz ein und atmen Sie durch Ihr Herz als bedingungslose Liebe wieder aus. Sie werden sich erfrischt und gereinigt fühlen, und der andere wird automatisch die heilende Energie empfangen, ohne dass er die Ihre absaugt.

❋ ❋ ❋

EINE MEDITATION, UM IHRE AURA ZU SCHÜTZEN

Es gibt viele Meditationen und geführte Visualisierungen, die man für die Reinigung und den Schutz der Aura kaufen oder gratis aus dem Internet laden kann. Sie können diese auch für sich selbst kreieren und aufnehmen oder sich einfach vorstellen. Die, die ich hier präsentiere, wird Ihnen nicht nur ermöglichen, Ihre Aura zu reinigen und vor Energieabsaugern wie selbst ernannten Opfern oder vor negativer Energie anderer zu schützen, sondern sie setzt auch den Prozess der Selbstheilung und Versorgung Ihrer Aura mit Energie in Gang. Wo immer Blockaden im Energiesystem Ihres Körpers auftreten, wird die Energie, die Sie den Chakren zuführen, sich mit der Aura verbinden und diese reinigen, denn alles ist hängt miteinander zusammen.

- Entspannen Sie sich und machen Sie es sich bequem.
- Konzentrieren Sie sich auf das Atmen und spüren Sie, wie Sie mit jedem Ausatmen entspannter werden. Beginnen Sie beim Gesicht, spüren Sie, wie sich die Muskeln um Augen, Nase und Mund lockern, und die Spannung nachlässt. Arbeiten Sie langsam den Körper hinunter, spüren Sie, wie Nacken, Schultern, Arme und Hände sich entspannen. Nehmen Sie wahr, wie die Spannung im unteren Rücken, in Brust, Bauch und Pobacken nachlässt. Lassen Sie einfach die ganze Spannung aus den Hüften, Waden, Füßen und Zehen entweichen.
- Stellen Sie sich vor, all Ihre Probleme und Sorgen in einen Korb zu Ihren Füßen zu legen. Danach stellen Sie die Füße fest auf den Boden und stellen sich vor, dass diese Wurzeln haben, die sich tief in den Boden graben, bis sie sich mit der göttlichen Energie von Mutter Erde verbinden. Sie werden sich nun sicher, geborgen und geerdet fühlen.
- Konzentrieren Sie sich auf das Einatmen und saugen Sie die positive Energie von Mutter Erde ein. Atmen sie diese durch Füße, Waden, Hüften, Bauch, Brust, Schultern, Nacken, Gesicht hinauf und atmen Sie sie durch den Kopf wieder aus. Stellen Sie sich vor, wie das Licht immer weiter nach oben ins Universum steigt und sich mit dessen bedingungsloser Liebe verbindet, und atmen Sie diese herunter auf sich und durch den Kopf hinunter durch den ganzen Körper und durch die Füße in die Mutter Erde hinein. Nun werden Sie mit der Erde und der universellen Energie verbunden sein. Atmen Sie diese einfach hinauf und hinunter und spüren Sie, wie sie durch Sie und um Sie herum fließt.

- Stellen Sie sich vor, dass die Energie eine harte Hülle um Sie bildet, über Ihrem Kopf und unter Ihren Füßen, die die Aura einschließt und diese mit der bedingungslosen Liebe von Mutter Erde und Vater Universum beschützt. Sie werden erfahren, dass nichts außer der reinen, bedingungslosen Liebe die Hülle durchdringt.

Tipp: Der Meditation wird nur durch Ihre eigene Fantasie Grenzen gesetzt. Sie können die hier vorgestellte schützende Meditation leicht ausbauen, indem Sie sich vorstellen, dass die weiß-silberne Energie in das Universum aufsteigt und sich mit der goldenen, universellen Energie verbindet. Dann können Sie diese herunter atmen in jedes einzelne Chakra, um es zu reinigen und mit Energie zu versorgen, während sie Ihre Aura auffrischen und ausgleichen.

10

NÜTZLICHES FÜR DIE AURA-THERAPIE

Es gibt mehrere Mittel, Auren zu beobachten und zu beeinflussen. Wenn wir zum Beispiel in die Aura eines anderen eindringen, werden sich die beiden Auren vermischen, was man sogar filmen kann. Ein Aura-Spray mit ätherischen Ölen hilft, eine Aura zu reinigen und die Schwingung mit Energie zu versorgen, wie auch Farben, Kristalle oder Klänge. Das Werkzeug bringt eigene Schwingungen ein, gemeinsam mit jenen des Heilers, deshalb ist es auch möglich, dass ein Heiler Veränderungen an der Aura der Person durchführt, mit der er arbeitet.

Auspendeln

Eine einfache Methode, Blockaden irgendwo im Energiefeld des Körpers zu identifizieren und aufzulösen ist, ein Pendel zu verwenden. Ob sie ein ausgebildeter Heiler sind oder nicht, Pendeln kann Blockaden lockern, ohne notwendigerweise die Probleme zu kennen, die sie ausgelöst haben. Oft ist es besser, so zu arbeiten, denn sonst könnte man unbewusst die Energie auf ein bestimmtes Ergebnis lenken, und so die Seele daran hindern, die Energie zu verwenden.

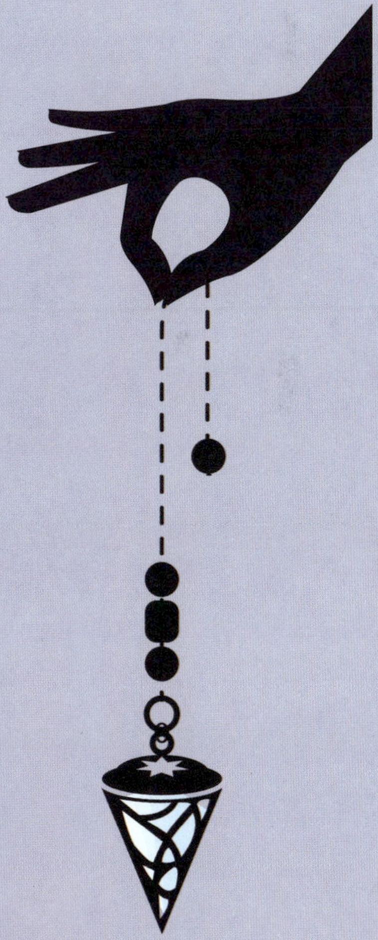

Das Pendel muss nur programmiert werden, dass es jede blockierte Energie innerhalb der Aura identifiziert und auflöst, und das macht man, indem man es mit ganzem Herzen darum bittet.

Führen Sie das Pendel langsam über verschiedene Körperteile der Person. Sie können am Kopf oder an den Füßen beginnen. Es gibt keinen richtigen oder falschen Weg – machen Sie einfach das, wozu es Sie hinzieht. Sobald das Pendel beginnt, sich zu bewegen und zu drehen, bleiben Sie in dieser Position, bis es aufhört. Dann bewegen Sie es langsam weiter, bis es wieder zu drehen beginnt. Indem Sie das Pendel in unterschiedlichen Entfernungen zum Körper halten, lösen Sie die Blockaden in jeder Schicht der Aura. Das Pendel wird das ganz natürlich in der Reihenfolge tun, die für Sie oder die Person am besten ist, und Sie so der Verantwortung entheben, dass Sie *wissen* müssen, was Sie tun und es *richtig* machen müssen.

Pendeln kann man auch als heilende Technik auf Distanz verwenden, indem Sie mit einem Foto der Person arbeiten, die Heilung benötigt. Man kann sogar Beziehungen wieder kitten, indem man das Pendel über einem Foto des Paares arbeiten lässt. Man kann auch einen Familienstreit schlichten, indem man es über einem Foto der beteiligten Personen kreisen lässt, denn die Fotos beinhalten die Energien der jeweiligen Auren. Pendeln kann Probleme aus der Vergangenheit lösen und Heilung und Versöhnung für alle Beteiligten bringen.

Farben

Wir haben gesehen, dass Farben eine große Rolle spielen, wenn es darum geht, innere und äußere Energien zu reflektieren. Der einfachste Weg, die Farbe, die wir brauchen zuzuführen, ist, Kleidung in dieser Farbe zu tragen. Wenn wir uns selbst erlauben, täglich instinktiv unsere Kleidung auszusuchen, wählen wir automatisch die Farbe, die wir für unsere Aura benötigen. Wir spiegeln auch die Farbe unserer Aura hinaus für den Rest der Welt. Das machen wir eigentlich unbewusst jeden Morgen, wenn wir uns anziehen. Wir alle haben Lieblingsfarben, die wir oft anziehen, die die Hauptfarbe unserer Aura reflektiert, obwohl es auch Zeiten gibt, in denen wir aus irgendeinem Grund eine völlig andere Farbe wählen.

Indem man verschiedenfarbige Kleider oder Bänder verwendet, kann man überschüssige Farbe entfernen, oder noch wichtiger, heilende Farben, die der Aura fehlen, hinzufügen. Das kann man ganz einfach erledigen, indem man ein farbiges Tuch oder Band oder etwas Anderes, das sich dafür eignet, für einige Minuten auf den physischen Körper legt oder durch die Aura zieht. Wenn Sie kein Band haben, kann auch eine Kerze oder ein Stück Obst oder Gemüse die Aufgabe erfüllen. Pendel aus verschiedenfarbigen Kristallen haben sich auch als sehr wirkungsvoll erwiesen.

Klänge

Auch mit Klängen kann man Auren beeinflussen. Wir alle wissen, wie Musik unsere Stimmung verändert. Klang ist Vibration und unsere Auren reagieren darauf. Manche Musik wird uns entspannt und glücklich, andere erregt, oder zornig oder einfach unwohl fühlen lassen. Tatsächlich werden Sie bei einer langen Autofahrt wahrscheinlich das Radio eingeschaltet und absichtlich verschiedene Arten von Musik gehört haben, um die Reise durchzustehen – vielleicht zuerst etwas, um sich zu entspannen und dann etwas lebhafteres, um wach zu bleiben.

Es gibt Aura-Therapien, die Klänge verwende; darunter fällt Entspannungsmusik, ein Gong-Bad,Trommeln oder sonst etwas, was Ihnen gefällt.

Alle Teile des Energiesystems des Körpers und die verschiedenen Schichten der Auren schwingen in unterschiedlichen Frequenzen, genauso wie Klänge. Tibetische Klangschalen, Zymbale, Kristallschalen, Gongs etc., lassen verschiedene Töne erklingen. Wenn man diese durch die Aura führt, werden blockierte Energien gelöst.

Jedes Chakra und jede Schicht einer Aura hat einen anderen Widerhall. Es gibt auch verschiedenen Mantras, Klänge oder Worte, die ein Echo der Schwingungen jeder einzelnen Schicht oder jedes Chakren sind. Ist ein Ton mit der Aura im Einklang, löst er mit der Zeit alle Blockaden oder schmutzigen Flecken innerhalb der Aura auf. Wenn Sie bisher gelernt haben, die verschiedenen Schichten der Aura zu unterscheiden, werden Sie sich auch auf jede Schicht der Aura richtig einstellen.

Chakra	Schicht der Aura	Klang	Schlüssel
Wurzel	Körperlich, ätherisch, kausal	Lam	C
Sakral	Ätherisch, emotional, spirituell	Vam	D
Solarplexus	Emotional, geistig	Ram	E
Herz	Oberes Astral	Yam	F
Hals	Geistig, spirituell	Ham	G
Stirn	Spirituell, himmlisch	Om	A
Krone	Himmlisch, kausal	Om	B

Aura-Sprays

Ein weiterer schneller und einfacher Weg, die Aura zu reinigen und mit Energie zu versorgen, sind Aura-Sprays, die Sie in New-Age-Shops oder online kaufen können. Damit kann man blockierte Energien an jedem Ort auflösen und den Raum schützen, ob zu Hause, im Büro, bei einer Veranstaltung oder einfach Ihren speziellen Ort. Alternativ kann man auch eine Öllampe oder eine dekorativen Behälter mit Räucherstäbchen kaufen. Bei Ölen kann man zwei oder drei mischen, um bestimmte Aromen und gewisse Schwingungen zu erzeugen. Öle in gekauften Sprays oder Diffusoren können variieren, doch die meisten enthalten Lavendel, das natürliche Antiseptikum seit der Zeit der Ägypter. Es gibt Öle, die für die Arbeit mit bestimmten Chakren oder bestimmten Schichten der Aura empfohlen werden, die man allein oder gemischt verwenden kann. Verwenden Sie ein Öllampe oder Räucherstäbchen, denn sie lassen den Duft durch den ganzen Raum schweben, sodass er von jeder Schicht der Aura aufgenommen werden kann. Es ist keine gute Idee, ätherische Öle direkt aufzutragen, denn sie würden die Haut verbrennen.

Die folgende Liste führt die Öle an, die sich angeblich für die verschiedenen Schichten der Aura und den damit verbundenen Chakren am besten eignen.

SCHICHT 1
DER PHYSISCHE UND DER ÄTHERISCHE KÖRPER

Gewürzbusch, Patschuli, Vetiver, Karottensamen, Dill, Geranium, Ysop, Jasmin, Majoran, Neroli, Rose, Sandelholz
Diese werden mit dem Wurzel- und Sakralchakra assoziiert.

SCHICHT 2
DER EMOTIONALE KÖRPER

Gewürzbusch, Bergamotte, schwarzer Pfeffer, Kamille, Muskatellersalbei, Zypresse, Dill, Weihrauch, Fenchel, Ysop, Wacholder, Zitrone, Majoran, Neroli, Zitronengras, Sandelholz, Salbei
Diese werden mit dem Wurzel-, Sakral- und Solarplexuschakra assoziiert.

SCHICHT 3
DER GEISTIGE KÖRPER

Schwarzer Pfeffer, Muskatellersalbei, Fenchel, Zitrone, Wacholder, Neroli, Bergamotte

Diese werden mit dem Solarplexus- und Halschakra assoziiert.

SCHICHT 4
DER ASTRALKÖRPER

Gewürzbusch, Bergamotte, Zimt, Gewürznelken, Weihrauch, Geranium, Grapefruit, Immortelle, Lavendel, Limette, Lindenblüten, Mandarine, Neroli, Zitronengras, Rose, Sandelholz

Diese werden mit dem Herzchakra assoziiert.

SCHICHT 5
DER SPIRITUELLE KÖRPER

Schwarzer Pfeffer, blaue Kamille, Cajeput, Zypresse, Weihrauch, Eukalyptus, Myrrhe, Zitronengras, Ravintsara, Myrrhe, Rosmarin, Salbei, gemeine Schafgarbe

Diese werden mit dem Sakral-, Hals- und Stirnchakra assoziiert.

SCHICHT 6
DER HIMMLISCHE KÖRPER

Basilikum, schwarzer Pfeffer, Karottensamen, Muskatellersalbei, Gewürznelken, Geranium, Ingwer, Melisse, Pfefferminze, Pinie, Rose, Myrrhe, Rosmarin, Rosenholz, Veilchen

Diese werden mit dem Stirn- und Kronenchakra assoziiert.

SCHICHT 7
DIE KAUSALSCHICHT

Weihrauch, Manilaelemi, Jasmin, Lindenblüten, Neroli, Rose, Rosenholz, Zedernholz, Veilchen

Diese werden mit dem Stirn- und Kronenchakra assoziiert.

Warnung: Trinken Sie keine Aura-Sprays, da Sie sie krank machen könnten. Sie sind nur dazu da, die Atmosphäre Ihrer Umgebung zu verbessern.

Aura-Sprays selbst herstellen

Je nach dem, für welchen Zweck man das Spray benötigt, kann man ein bestimmtes ätherisches Öl verwenden, oder seine eigen Mischung herstellen. Will man zum Beispiel einen Raum reinigen, möchte man ein gut duftendes Spray. Aus der Mischung verschiedener reinigender Öle kann man einen einzigartigen und angenehmen Duft dafür erschaffen.

> **Warnung:** Trinken Sie keine Essenzen, da Sie sie krank machen könnten. Sie sind nur dazu da, die Atmosphäre Ihrer Umgebung zu verbessern.

Möchte man Auren reinigen und stärken, sollte man für diesen Zweck die Energien verschiedener Öle mischen. Lavendel ist als Antiseptikum bekannt und kann für die Reinigung sowohl von Räumen als auch von Auren verwendet werden. Es ist ein vielseitiges, gut mischbares Öl. Eine Gemisch von Lavendel und Weihrauch reinigt die Aura und erhöht die Schwingungen, sodass Blockaden von Stirn- und Sakralchakra sanft gelöst werden. Möchte man sich geerdeter fühlen, kann man Patschuli oder Jasmin zugeben. Eigentlich hat jedes Öl, das mit der ersten Schicht in Verbindung steht, erdenden Charakter. Vertrauen Sie Ihrer Intuition – wenn Sie Öle zu einem Duft mischen, das Ihnen zusagt, können Sie sicher sein, das Spray herzustellen, das Sie gerade brauchen.

Um ein eigens Aura-Spray herzustellen, mischt man das oder die gewählten Öle mit reinem Quellwasser, dessen Energie durch die Sonne aufgeladen wurde.

Die Kombinationen sind endlos und nur durch Ihre Fantasie begrenzt. Es gibt kein Richtig oder Falsch, um ein Aura-Spray herzustellen, denn sie werden funktionieren so lange Ihre Absichten aus dem Herzen kommen und Sie mit dieser Absicht emotionell in Verbindung bleiben.

Tipp

Sie können Ihr „wildes Wasser" von der nächstgelegenen heiligen Quelle holen – einem Fluss oder Bach – oder sogar frisches Regenwasser sammeln. Mineralwasser mit guter Qualität (nicht aus Plastikflaschen) ist jedoch am leichtesten zu bekommen und perfekt geeignet.

Essenzen

Essenzen mit Schwingungen aus Blüten und Kristallen sind weitere Möglichkeiten, heilende Energie in Auren zu bringen. Man Essenzen kaufen, aber genauso gut selbst herstellen.

Herstellung und Verwendung von Blütenessenzen

Es gibt viele Arten, Essenzen herzustellen. Für Blütenessenzen sollte man auf die Farbe und Art der Blume achten. Lokale Spezies sind immer die bessere Wahl, denn sie erzeugen eine Schwingungsverbindung zwischen der eigenen Energie (oder der Person, die man heilen möchte) und des Aufenthaltsortes. Wenn Sie die Blumen ausgesucht haben, waschen Sie sie. Suchen Sie sich einen Behälter aus einem natürlichen Material wie Glas oder Keramik. Tatsächlich kann man eigentlich alles außer Plastik verwenden.

Überlegen Sie, wofür Sie die Essenz verwenden wollen. Soll sie zum Beispiel blockierte Energien lösen, oder die Energie steigern – oder beides? Geht es nur darum, negative Energien loszuwerden, stellen Sie die Essenz während der ersten drei Tage des Vollmondes her, denn das ist immer eine gute Zeit für den Beginn der Reinigung oder Entgiftung einer Aura. Ist die Essenz dafür vorgesehen, die Energie zu stärken, kreieren Sie sie während der drei Tage des Neumondes.

Legen Sie die Blumen in einen sauberen Behälter. Füllen Sie eine Tropfflasche aus dunklem Material mit frischem Mineralwasser aus der Flasche, verschließen Sie diese gut und legen Sie sie in den Behälter mit den Blumen. Am Tag vor der ausgewählten Mondphase, legen Sie den Behälter mit den Blumen und der verschlossenen Flasche auf das Fensterbrett. Hier werden die Blumen durch die Sonne und den Mond mit Energie versorgt. Das Wasser wird die Schwingungen der Blumen, die es umgeben, sowie die Energien von Sonne und Mond absorbieren.

Nun ist die Essenz fertig zum Gebrauch. Verwenden Sie die Flüssigkeit mit einem Diffusor, der mit speziellen Röhren ausgestattet ist, sodass sich die Essenz im ganzen Raum ausbreiten kann, oder verwenden Sie sie in einem Aura-Spray. Werfen Sie ungebrauchte Essenzen nach drei Tagen weg und stellen Sie eine frische her, wenn Sie sie benötigen.

Kristalle

Kristalle werden wegen ihrer einzigartigen Schwingungen schon lange als Heilmittel verwendet. Über die Jahrhunderte fand man heraus, dass sich bestimmte Kristalle besonders gut bei verschiedenen Problemen und Krankheiten einsetzen lassen. Schon die alten Ägypter, Griechen, Römer und Druiden verwendeten Mondstein bei Fruchtbarkeitsriten und das wird auch heute so gemacht. Seit Jahrhunderten betrachtete man Jade als Stein der Weisheit, und Türkis und Obsidian setzt man zum Schutz ein.

Mit den Jahren entdeckte man, dass verschiedenen Kristalle auch das Energiesystem von Körpern heilen, indem man den Kristall bei sich trägt, oder dessen Schwingungen in Essenzen und Sprays einfängt. Kristalle unterstützen die Heilung der körperlichen Schicht, indem sie Schwingungen des Auraträgers erhöhen. Das wiederum bricht zu dichte, Blockaden verursachende Schwingungen auf, indem sie Traumata, falsche Annahmen, toxische Glaubensmuster und anderes sanft auflösen, das mit den Funktionen der Energie und der Übermittlung von Informationen zwischen den verschiedenen Schichten der Aura interferiert.

Verwendung von Kristallen

Man kann einzelne Kristalle durch eine Aura führen, um mit deren Schwingungen Energien innerhalb der Aura auszugleichen. Kristallessenzen kann man wie Blütenessenzen herstellen, indem man Kristalle in einen Behälter legt, zusammen mit einer gut verschlossenen Flasche aus dunklem Material mit frischem Mineralwasser. Man kann auch Blumen in den Behälter dazulegen, um eine kombinierte Kristall-Blüten-Essenz herzustellen.

Warnung: Trinken Sie keine Essenzen, da Sie sie krank machen könnten. Sie sind nur dazu da, die Atmosphäre Ihrer Umgebung zu verbessern.

Schwingungen von Kristallen kann man auch Aura-Sprays zufügen, indem man Kristalle zuerst in dem Wasser einlegt, das man mit den gewählten Ölen vermischen möchte. Das Wasser nimmt die Schwingungen des Kristalls auf und verbindet sie dann mit den Ölen des Sprays.

Man kann Kristalle auch in Hosentaschen oder als Schmuck bei sich tragen, um deren Schwingungen in die Aura zu integrieren. Es gibt kein Richtig oder Falsch bei Aura-Therapien mit Schwingungen, Sie müssen nur darauf ver-

trauen, dass Ihre Intuition sie leiten wird. Schließlich wählten oder trugen Sie wahrscheinlich ganz unbewusst über die Jahre verschiedene Schmuckstücke, die Ihnen zu dieser bestimmten Zeit die nötigen Schwingungen lieferten.

Die Wahl der Kristalle

Manche Kristalle sind leicht zu finden und nicht teuer, während andere selten und deshalb teuer sind. Edelsteine wie Smaragde, Diamanten oder Rubine sind extrem teuer, besonders wenn sie poliert und zu Schmuckstücken verarbeitet wurden. Rubine sollen erden und Unterstützung bei der Umsetzung von Träumen bieten, bringen in Verlobungsringen jedoch angeblich Unglück. Diamanten sind die härtesten Steine und werden wegen ihrer Langlebigkeit traditionell für Verlobungsringe verwendet, auch weil sie alle Farben des Regenbogens entfalten, wenn sie das Licht einfangen.

Die meisten Kristalle in der Heilung kann man leicht in bestimmten Geschäften oder online kaufen. Ihre Intuition sowie Farbe, Form und Größe des Kristalls werden Ihnen helfen herauszufinden, was wo eingesetzt werden soll – ob Sie ihn physisch auf dem Körper platzieren, durch die Aura führen, ihn in eine bestimmte Schicht der Aura legen oder damit ein Aura-Spray herstellen. Was nun folgt, ist eine Übersicht, wofür eine Vielzahl an Kristallen in der jeweiligen Schicht der Aura verwendet werden kann.

SCHICHT 1
DER PHYSISCHE UND ÄTHERISCHE KÖRPER

Rubin, Granat, Blutstein, roter Jaspis, schwarzer Turmalin, Obsidian, Rauchquarz
All diese Steine können verwendet werden, um sich schützen, zu erden und dunkle Flecken innerhalb der Aura zu entfernen. Je dunkler die Farbe des

Kristalls, desto mehr negative Energie kann er aufnehmen. Diese Kristalle eignen sich gut für körperliche Probleme, die sich auf das „Loslassen" beziehen, sie stehen also in Verbindung mit den Nieren, der Wirbelsäule, den Beinen, Knien, Hüften und Knochen. Man kann sie auch gegen Durchfall, der auch darauf hinweist, dass man etwas loslassen sollte, gegen Verstopfung, die darauf deutet, dass man etwas zurückhält und gegen Krankheiten wie IBS (Reizdarmsyndrom) und Nebennierenproblemen.

SCHICHT 2
DER EMOTIONALE KÖRPER

Karneol, Koralle, Gold, Kalkspat, Bernstein, Citrin, Goldtopas, pfirsichfarbener Kristall, Mondstein, Aventurin

Sie funktionieren auch im ätherischen Körper, ihr Fokus liegt jedoch auf Gefühls- und Fertilitätsproblemen. Sie funktionieren gut bei Fortpflanzungorganen, Blase, Prostata und Milz und bieten Unterstützung beim Ziehen von Grenzen, oder wenn man sich nicht gut genug fühlt sowie im praktischen Zusammenhang mit Fruchtbarkeit.

SCHICHT 3
DER GEISTIGE KÖRPER

Citrin, Goldtopas, Bernstein, Tiegerauge, Gold, Kalkspat, Selenit, Amethyst

Diese Schicht repräsentiert das Zentrum der Kreativität, wenn Sie also Inspiration brauchen, sind die oben stehenden Kristalle geeignet.

Es ist auch die Schicht, die über die Gefühle herrscht und bezieht sich auf Pankreas, Nebennieren, Magen, Leber, Gallenblase, Nervensystem und Muskeln.

Das Verdauungssystem ist für das Verarbeiten und Umwandlung von Nahrung in Energie verantwortlich, damit ein Körper gesund funktioniert. Die spirituelle Metapher verbindet sie mit damit, wie ein Körper diese Energie nutzt und wie man sie für den Seelenzweck verwendet. Man vermutet, dass sich die Wut über Verletzungen in der Vergangenheit in der Leber ablagert, und dass diese Verletzungen sich im Alter auch in Arthritis und Gelenkssteife manifestieren können. Diese Kristalle helfen, diese Verletzungen aufzulösen.

SCHICHT 4
DER ASTRALKÖRPER

Smaragd, grüner und rosa Turmalin, Malachit, grüne Jade, grüner Aventurin, Chrysopras, Kunzit, Rosenquarz, Rubin, Obsidian

Diese Schicht legt den Fokus auf die Liebe – auf die Fähigkeit, sich und andere bedingungslos zu lieben. Sie herrscht über den Tastsinn, die Empathie für andere, die Beziehung zu sich selbst und den Lebenszweck. Probleme in dieser Schicht können sich als Gefühle mangelnden Selbstwertgefühls sowie der Unfähigkeit, auf andere zuzugehen oder zu berühren, manifestieren. Sie bezieht sich auf Herz, Thymusdrüse, Kreislaufsystem, Arme, Hände und Lungen. Probleme bei jedem dieser Körperteile können in dieser Schicht bearbeitet werden. Das Herz ist oft auch emotional fragil, und ein Obsidian als Schutz über dem Herz getragen, kann dazu beitragen, Barrieren zu durchbrechen, die vielleicht die Öffnung des Herzens für Liebe unterbinden, was besonders nützlich nach schmerzlichen Trennungen oder Verlusten ist.

SCHICHT 5
DER SPIRITUELLE KÖRPER

Türkis, Chrysokoll, Coelestin, blauer Topas, Sodalith, Lapislazuli, Aquamarin, Azurit, Kyanit

Das ist die Schicht des göttlichen Willens und der Fähigkeit, die Wahrheit zu sprechen und zu leben. Sie bezieht sich auf Gehörsinn, Denkprozesse und die Fähigkeit, innere Wahrheiten zu kommunizieren. Körperliche Probleme innerhalb der Hörorgane wie Ohrenschmerzen können eine Infektion bedeuten, aber man könnte sich auch selbst fragen, ob nicht jemand versucht, Ihnen seine Art zu denken aufzwingen will, oder versucht, Sie zu etwas zu bringen, das sich für Sie nicht richtig anfühlt. Andere körperliche Probleme in dieser Schicht können in Verbindung mit Schilddrüse, Nebenschilddrüse, Hypothalamus, Hals, Mund, Nacken und Armen stehen. Vielleicht ist jemand auch eine „Nervensäge“, was Sie demjenigen aber nicht sagen oder ihm aus dem Weg gehen können. Positive Schwingungen können in dieser Schicht jede Blockade und Negativität lösen und Sie zu Ihrer Mitte zurückführen.

THERAPIE BEI TIEREN

Tiere haben wie Menschen sieben Schichten in ihren Auren und handeln genau in derselben Art, deshalb funktionieren alle Therapien für Menschen auch bei Tieren. Eigentlich funktionieren sie sogar besser, denn Tiere haben keine intellektuellen Probleme wie Menschen. Diese intellektualisieren, wollen nicht glauben, verlangen von heilender Energie Dinge, für die sie nicht geschaffen ist, oder versuchen, Dinge zu machen, die ihnen nicht guttun. In anderen Worten, sie erlauben den Gedanken, sich in den Weg zu stellen, was Tiere nicht tun, denn sie wissen instinktiv, was gut für sie ist. Eine kranke Katze oder ein kranker Hund wird sich oft zu Füßen eines natürlichen Heilers setzen und daraus Energie ziehen. Sie nehmen so viel Energie auf, wie sie möchten und gehen dann wieder weg.

SCHICHT 6
DER HIMMLISCHE KÖRPER

Lapislazuli, Azurit, Sodalith, Quarzkristall, Saphir, Turmalin, Amethyst

Wenn alle Negativität geklärt ist, erlebt man in dieser Schicht die göttlichen Eigenschaften der bedingungslosen Liebe und des Mitgefühls. Sie verbindet uns mit der vierten Dimension, unseren spirituellen Führern und unseren geliebten Verstorbenen. Hier tritt die Intuition, die wir erlernt haben in den Vordergrund. Sie verbindet uns mit unseren Visionen und der Fantasie. Das ist die Schicht, die Natur, Musik, Kunst und alles Schöne aufnimmt und schätzt. Hier findet man das Gefühl des Friedens und der Harmonie. Ist diese Schicht frei von Negativität aus einer anderen Schicht, kann das Meditation, Inspiration, Imagination und spirituelle Erfahrungen fördern. Unausgeglichenheit manifestiert sich im körperlichen Bereich in der Hypophyse, dem linken Auge, der Nase, dem Geruchs- und Gehörsinn.

SCHICHT 7
DER KAUSALE KÖRPER

Amethyst, Chrysoberyll, Diamant, Sugilith, violetter Fluorit, Quarzkristall, Selenit

Dies ist die Schicht in der man spirituelle Glückseligkeit erfahren kann, denn sie verbindet uns mit der Energie des Schöpfers des Universums und ist die Schicht der Erleuchtung. Tatsächlich ist sie die widerstandsfähigste Schicht und schützt alle darunter liegenden Schichten. Sie enthält auch die Informationen über den Seelenzweck und steht in Verbindung mit unseren Träumen und der Fähigkeit, sie zu realisieren. Negative Energien in dieser Schicht können sich als Probleme mit der Zirbeldrüse, der Hirnrinde, dem zentralen Nervensystem und dem rechten Auge manifestieren. Dies ist auch die Schicht, die die Schwingungen der Kristalle auf die Schicht konzentrieren, wo sie gebraucht werden, um die Entwicklung der Seele zu sichern.

* * *

11

JEDE SCHICHT DER AURA HEILEN

Wenn Sie oder einer Ihrer Lieben krank oder depressiv wird, gibt es hier einige Vorschläge, wie man die Laune heben kann. Eine gute Behandlungsweise ist Reiki, weil es durch alle sieben Schichten der Aura dringt. Andere Formen des Energieheilens sollten ebenfalls nützen. Gut eignet sich auch Aromatherapie, denn sie wirkt direkt an der Oberfläche des Körpers, aber auch in der Aura. Die Verwendung bestimmter ätherischer Öle kann ebenfalls alles reparieren, das im Feld der Aura aus dem Gleichgewicht geraten ist.

Hier sind einige Vorschläge für leichte, schnelle Heilung der Aura-Schichten.

SCHICHT 1
DER PHYSISCHE UND ÄTHERISCHE KÖRPER

Dies ist die körperlichste Schicht, deshalb wird sie auf Unbehagen, wie unter unangenehmen Umständen zu leben oder zu arbeiten, schlecht reagieren. Wenn Sie von einem schlechten Ort nicht wegziehen können, oder im Job ausharren müssen, versuchen Sie folgendes:

	Meditieren Sie, während sie einen roten Jaspis halten, da dies bei praktischen Problemen hilft.
	Weihrauch ist verjüngend und tonisierend und hilft, bei schwierigem Umfeld. Verwenden Sie ihn zu Hause oder im Job in einem Diffusor.
♄	Zapfen Sie die Kraft Saturns an, indem Sie eine Zeitlang dumpfe Farben wie braun, ocker, grau oder rotbraun tragen.

SCHICHT 2
DER EMOTIONALE KÖRPER

Das ist die Schicht, die über persönliche Gefühle herrscht, und wir alle wissen, dass Leute oder Situationen so sehr ärgern können, dass wir nicht mehr klar denken können. Versuchen Sie folgendes, um emotionalen Schmerz zu lindern:

	Meditieren Sie, während sie einen Karneol halten, da dieser bei emotionalen Problemen hilft.
	Nehmen Sie spät am Tag ein Bad mit ein paar Tropfen Mandarinenöl, denn das hat beruhigende Wirkung. Außerdem sind Mandarinen orange, und das ist gut für diese Schicht.
☉	Zapfen Sie die Kraft der Sonne an, indem Sie eine pfirsichfarbene oder orange Kette, Schal oder Gürtel tragen.

SCHICHT 3
DER GEISTIGE KÖRPER

Wenn es Ihnen manchmal schwer fällt, sich zu konzentrieren, besonders wenn um Sie Lärm und Betriebsamkeit herrscht, so wäre eine Lösung, aufs Land zu fahren oder am Meer oder an einem See einen Spaziergang zu machen, um der Geschäftigkeit des Tages zu entgehen. Bis dahin, versuchen Sie folgendes:

	Meditieren Sie mit einen blauen Stein. Lapislazuli ist ziemlich stimulierend, deshalb sollten Sie ihn verwenden, wenn Sie Ihr Gehirn auf Trab bringen wollen. Wenn Sie Ruhe brauchen, verwenden Sie blauen Achat.
	Nehmen Sie morgens ein Bad mit ein paar Tropfen Melissenöl. Das Öl auf Zitrusbasis wird die geistige Schicht der Aura stimulieren und das Gehirn wieder zum Arbeiten bringen. Alternativ verwenden Sie einen Diffusor.
☿	Zapfen Sie die Kraft Merkurs an, indem Sie einen gelben Schal, Gürtel oder Kette tragen, oder dunkelblaue Kleidung zur Beruhigung – oder beides!

SCHICHT 4
DER ASTRALKÖRPER

Dies ist die Brücke zwischen alltäglichem und spirituellem Leben. Jeder, der sich mit Geist, Körper und Seele beschäftigt, ist mit den Auswirkungen dieser Schicht vertraut – sie öffnet die Türen zu den subtilen Reichen der Imagination und Spiritualität. Wenn Sie das Gefühl haben, Ihre Kreativität sei verschwunden, oder Sie damit kämpfen, die spirituelle Welt zu erreichen, versuchen Sie folgendes:

	Meditieren Sie mit einem Amethyst, da er Ihnen hilft, sich für spirituelle Erfahrungen zu öffnen.
	Geben Sie ein paar Tropfen Patschuliöl in ein Bad oder einen Diffusor, da es bekanntermaßen die Spiritualität fördert.
♃	Zapfen Sie Jupiters Kraft an, indem Sie Blau tragen. Er war der König der römischen Götter, versuchen Sie deshalb für eine Zeitlang auch Königsblau.

SCHICHT 5
DER SPIRITUELLE KÖRPER

Wir lassen nun das tägliche Leben hinter uns und begeben uns in die Angelegenheiten des Glaubens. Wenn Sie das Gefühl haben, einen bestimmten Weg gefunden zu haben, dem Sie folgen sollten, der aber blockiert ist, entweder durch Mangel an Vertrauen oder durch Menschen oder Umstände, versuchen Sie folgendes:

	Meditieren Sie mit Tigeraugen, denn so gelangen Sie eher an den höheren Willen, erden sich aber auch, um nicht Kontakt mit der Realität verlieren.
	Geben Sie ein paar Tropfen Pinienöl in ein Bad oder einen Diffusor, denn es ist eine Kombination aus Spiritualität und Sachlichkeit.
♇	Zapfen Sie Plutos Kraft an, der Ihnen helfen wird, innere Stärke zu finden, indem Sie etwas Attraktives in knallrot, dunkelrot oder in Purpurschattierungen tragen.

SCHICHT 6
DER HIMMLISCHE KÖRPER

Sehnen Sie sich nach Besserem, möchten Sie sich vielleicht unbedingt mit Ihrem spirituellen Führer, Engeln oder alten Gottheiten verbinden? Woran immer Sie glauben, Sie müssen sich in Ihrer Haut wohl fühlen und folgendes kann dabei helfen:

	Meditieren Sie mit einem Sodalith, da er sowohl spirituell als auch heilend ist. Schlafen Sie mit einem solchen Kristall auf dem Nachtkästchen.
	Geben Sie ein paar Tropfen Patschuliöl in ein Bad oder einen Diffusor, da es bekanntermaßen die Spiritualität fördert.
♀	Zapfen Sie die Kraft der Venus an, die Ihnen bei Verknüpfungen und Verbindungen helfen kann. Die traditionellen Farben dieser Aura-Schicht sind rosa und grün, deshalb sollten sie diese eine Zeitlang tragen.

SCHICHT 7
DER KAUSALE KÖRPER

Diese Schicht kann Sie mit dem Himmelreich, Engeln, spirituellen Führern und Göttern verbinden. Sie kann auch helfen, die Reise zu verstehen, die Ihre Seele unternimmt, vielleicht indem Sie einen Blick auf frühere Leben oder sogar in die Zukunft werfen dürfen. Um in diese Schicht zu gelangen, versuchen Sie folgendes:

	Meditieren Sie mit einem klaren Kristall, denn das öffnet die Türen zu jeder Art von Möglichkeiten.
	Geben Sie, während Sie meditieren, ein paar Tropfen Myrrhe-Rosmarinöl in einen Diffusor. Myrrhe und Rosmarin sind seit langem als heilige Pflanzen bekannt, die helfen, den Seelenzweck zu verstehen.
♆	Zapfen Sie die Kraft Neptuns an, indem Sie etwas Hübsches in Meeresblau oder -grün tragen, denn das wird Ihnen helfen, sich mit dem Jenseits zu verbinden, insbesondere wenn Sie mit Gleichgesinnten meditieren.

Zurück zur Erde

Spiritualität und Seelenreisen sind wunderbar, aber Sie haben doch immer noch ein Leben zu leben. Nachdem Sie also Ihre Aura bearbeitet haben, schließen Sie Ihre Chakren, indem Sie sie sich als Lichter vorstellen, die Sie abschalten. Ziehen Sie sich dann ein Paar Jeans und ein buntes T-Shirt an und leben Sie Ihr Leben im Hier und Jetzt. Die strahlende Farbe wird Ihre Aura mit erneuerter Energie versorgen.

* * *

EINE ENGEL-ÜBUNG

Wenn Sie an Engel glauben, wird es Sie freuen zu hören, dass es für jede Schicht der Aura Engel gibt, die mit ihr arbeiten. Es wäre also auch eine Möglichkeit, diese bestimmten Engel zu bitten, die ganze Aura zu reinigen oder eine bestimmte Schicht der Aura zu reparieren, um das Energiesystem des Körpers von Blockaden zu befreien.

Jeder kann mit Engeln in Verbindung treten, man muss sie nur um Hilfe bitten. Man braucht keine speziellen Rituale, aber wenn Sie eines wünschen, sollten Sie sich ein eigens schaffen. Auch ein einfaches Gebet funktioniert, doch Sie müssen aus ganzem Herzen beten und das Ergebnis so akzeptieren, wie es kommt, und nicht erwarten, das es so ist, wie Sie glauben, dass es sein sollte. Sie müssen darauf vertrauen, dass die Engel Ihnen genau das bringen, was Sie für Ihren höchsten Zweck und dem aller Beteiligten benötigen.

VERSCHIEDENE DIMENSIONEN UND SCHWINGUNGEN ERREICHEN

Wir alle haben heilende und mediale Fähigkeiten (einige mehr als andere), und die werden durch die Reinheit der Auren definiert. Energieblockaden zu entfernen bedeutet, dass man sich ausgeglichener und glücklicher fühlt und eher ein Leben führt, das mit dem Seelenzweck im Einklang steht. Je reiner eine Aura ist, desto höher sind die Schwingungen, und desto eher wird man fähig sein, heilende Energie auf andere umzuleiten sowie ein reiches und erfüllendes Leben zu führen. Je höher die Schwingungen sind, desto leichter wird es sein, sich mit spirituellen Führern, erleuchteten Meistern, Engeln und Göttern in Verbindung zu setzen.

Wir leben in einer dreidimensionalen Welt und schwingen in der Frequenz dieser Welt. Man glaubt, Verstorbene seien in der vierten Dimension und schwingen demnach in höheren Frequenz, weshalb wir sie nicht sehen. Manchmal jedoch kann man das Bild eines Verstorbenen in der Aura sehen.

Engel schwingen auf einem viel höherem Niveau als Verstorbene; man glaubt, sie halten sich zwischen der fünften und sechsten Dimension auf. Heiler und Medien, die viel an sich gearbeitet haben, um ihr Energiesystem zu heilen und zu reinigen, können ihre Schwingungen auf diese Niveaus anheben, aber man muss kein Medium oder Heiler sein, um Engel zu bitten, die Aura zu reinigen, zu heilen und zu revitalisieren. Jeder kann das, nur muss es aus dem Herzen kommen.

- Je öfter Sie diese Übung durchführen, desto leichter und wirkungsvoller wird sie für Sie sein.
- Machen Sie es sich bequem. Nehmen Sie Ihre Gefühle wahr.
- Sagen Sie ein kurzes Gebet aus dem Herzen und bitten Sie die Engel, Ihre Aura zu reinigen und zu revitalisieren.
- Nehmen Sie jede Veränderung in Ihren Gefühlen wahr.
- Sie werden sich wahrscheinlich friedvoll und mitfühlend gegenüber anderen fühlen.

12

HEILUNG DER AURA ALS GANZES

Wie Sie bereits erfahren haben, arbeiten die Energiesysteme des Körpers zusammen, deshalb spiegelt sich ein gestörtes Gleichgewicht im physischen, geistigen, emotionalen oder spirituellen Körper im ganzen System wider, auch in den sieben Schichten der Auren. Das bedeutet, die Heilung einer der Schichten, wirkt sich auf alle anderen aus. Es gibt viele verschiedenen Therapien, die Ungleichgewicht korrigieren und so die Aura als Ganzes heilen können.

Physikalische Therapien wie die Fünf-Punkte-Akupunktur arbeiten am physischen Körper, indem sie emotionale Energieblockaden innerhalb des Meridiansystems lösen. Das löst die Blockaden in den Chakren und repariert zerrissene oder dumpfe Auren. Heilt man alle sieben Schichten der Aura, heilt man und bringt den physischen, emotionalen, geistigen und spirituellen Körper wieder auf Linie. Wenn man den Fokus auf die Heilung der Chakren legt, heilt man auch die Aura und die vier Körper. Jede Therapie, die man in einem Teil des Energiesystems anwendet hat einen positiven Effekt auf alle Schichten der Aura.

Sie wissen nun, dass man die verschiedenen Schichten der Aura mit Farben, Aromatherapieölen, Kristallen und Blütenessenzen sowie Pendeln und sogar Nahrung und Essensplanung heilen kann. Man kann auch Energieheilmethoden wie Reiki, spirituelles Heilen, Kristallheilen etc. einsetzen. Manche Aura-Therapien behandeln alle Schichten gemeinsam, aber man kann sich auch auf eine Schicht oder ein Chakra stärker konzentrieren, doch die Wirkung ist dieselbe. Alle Schichten, Chakren und Körper werden in Einklang gebracht, indem man die Ursache bekämpft. In diesem Kapitel sehen wir uns einige Heilungsmethoden näher an.

Welche Methode Sie auch anwenden, vergessen Sie nicht, dass es keine schnellen Reparaturen gibt, denn Heilung findet in der Geschwindigkeit statt, die die Seele verlangt, nicht in der, die wir wollen. Die Geduld lohnt sich jedoch, denn wenn man ein Problem rechtzeitig findet, kann man einen Fleck auf der Aura behandeln und eine potenzielle Krankheit oder ein Problem abwenden.

Nahrung und Aura

Nahrung ist eine tolle Heilquelle. Indem man den Körper gesund ernährt, versorgt man auch die Aura und das ganze Energiesystem mit neuer Energie. Fühlt man sich müde oder spürt, dass die Aura dumpf ist, sollte man ein Stück frisches Obst essen, um die Aura zu beleben und aufzuhellen. Die richtige Nahrung für die Aura und die Chakren verstärkt die Vorzüge einer Aura-Therapie sogar nach der Heilungssitzung und wird das jeden Tag fortführen, denn jeder muss essen.

Man kann Nahrung und Farbe zu Hilfe nehmen, um Blockaden aus den Chakren zu entfernen, und so den physischen Körper heilen und gleichzeitig die Aura reinigen und reparieren. Wenn Sie eine Blockade haben, Ihre Meinung zu sagen, entwickeln Sie vielleicht einen Riss oder Fleck in der Schicht der Aura, die mit einer Blockade im Halschakra in Verbindung steht. Man kann blaue Nahrungsmittel ausprobieren wie Blaubeeren, Borretsch oder blauen Mais, um die Entfernung der Blockade zu unterstützen. Blaue Nahrungsmittel sind nicht immer leicht zu finden, und es gibt nicht viele, aber zufälligerweise arbeitet das Halschakra in Abstimmung mit dem Solarplexuschakra, deshalb kann man auch gelbe Nahrungsmittel wie Eier, Ananas, Spaghetti-Kürbis, gelbe Melonen, Bananen und gelbe Paprika zu sich nehmen.

Wir wissen, dass das Herz die niederen und höheren Chakren verbindet, deshalb kann man auch grüne Nahrungsmittel wie Blattsalat und Gemüse neben Medizinalpflanzen wie Myrrhe, Rosmarin und Salbei in die Ernährung aufnehmen. Das kann blockierte Gefühle lösen in Personen, die sich nicht bewusst sind, dass sie ein Problem haben.

Dunkle Schokolade, Avocados, Nüsse, Samen und Körner enthalten Magnesium, das Muskelfunktionen regulieren und einen gesunden Rhythmus aufrechtzuerhalten hilft. Es unterstützt auch die Regulierung des Blutdrucks und der Cholesterinproduktion. Man vermutet, dass es auch dabei hilft, Gehörverlust, Nierensteine und Migräne zu vermeiden, deshalb wird Ihnen magnesiumhaltige Ernährung helfen, alle Schichten Ihrer Aura zu reinigen.

Zusammenziehen der Aura

Wie Sie wissen, kann die Ausdehnung aller Schichten einer Aura bis zu 1 m Entfernung vom Körper erfolgen. Das kann aber die Arbeit mit der Aura erheblich erschweren. Es ist aber ganz einfach, Ihre oder die Aura einer anderen Person auszudehnen oder zusammenzuziehen. Visualisieren Sie einfach die Ausdehnung einer bestimmten Schicht der Aura bis zu dem Punkt, der Ihnen angenehm erscheint, um damit zu arbeiten. Das erweist sich als besonders nützlich, wenn Sie eine bestimmte Schicht der Aura mit dem Pendel bearbeiten wollen.

Sie können auch alle sieben Schichten der Aura auf die Entfernung von 15 cm vom Körper reduzieren: Bitten Sie die Person, ihre Aura einzuatmen, bevor Sie daran arbeiten. Halten Sie dann Ihre Hände oder Ihr Pendel 15 cm über dem Körper und sie werden bald sehen, dass sie in allen Schichten auf einmal arbeiten.

Eine Sitzung für Aura-Heilung

Wenn Sie zu einem professionellen Aura-Heiler gehen, wird eine typische Sitzung damit beginnen, dass Sie sich auf eine Couch legen, die mit einer bunten Decke bedeckt ist. Dann werden farbige Kristalle auf jedes Ihrer Chakren gelegt, und der Heiler wird sich mit der heilenden Energie verbinden und beginnen, diese durch seine Hände zu leiten. Er wird seine Hände in einer Entfernung von 15 cm über Sie führen, und seine Intuition wird ihn zu den Blockaden oder Flecken führen. Der Heiler wird vielleicht ein imaginäres Gespräch mit dem Fleck führen und ihn fragen, was er braucht oder ob ihm eine bestimmte Farbe oder Essenz helfen würde. Möglicherweise führt der Heiler ein buntes Band durch die Aura, je nach dem, was benötigt wird. Nach der Sitzung wird der Heiler wahrscheinlich empfehlen, dass Sie zu Hause einen Diffusor und Essenzen verwenden, die auf Ihr Problem abgestimmt sind, damit die Heilung dort fortgesetzt werden kann.

Die eigene Aura heilen

Hier ist eine einfache Heilungsmethode für Ihre ganze Aura.

- Beginnen Sie damit, die Mittel zusammenzustellen: Aura-Spray und farbige Bänder oder Kristalle, die den Schichten der Aura entsprechen.

- Besprühen Sie den Raum, in dem Sie die Heilung vollziehen, mit dem Aura-Spray.

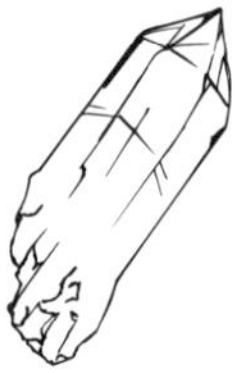

- Setzen Sie sich auf einen bequemen Stuhl oder legen Sie sich hin und lassen Sie Ihre Hände leicht auf dem Körper ruhen.

- Platzieren Sie ein weißes Band oder einen weißem Kristall neben Ihrer Stirn – wir empfehlen klaren Quarz.

- Dann gehen Sie weiter durch den Körper und platzieren farbige Bänder oder Kristalle auf oder in der Nähe der Chakren.

- Atmen Sie tief ein, sodass sich Ihre Aura auf 15 cm Abstand zum Körper zusammenzieht.

- Konzentrieren Sie sich weiter auf Ihren Atem und stellen Sie sich vor, Sie atmen das reine, gold-silberne Licht der universellen, liebenden und heilenden Energie ein, und dass Sie sie durch den Kopf in das Kronenchakra hinein ausatmen.

- Visualisieren Sie, wie die Energie in das Kronenchakra und durch alle Schichten der Aura nach außen strömt. Was Ihren Körper betrifft, visualisieren Sie, wie die Energie durch Sie fließt, vom Kronenchakra aus in alle anderen Chakren. Wenn Sie beim Wurzelchakra angekommen sind, fahren Sie fort durch Hüften, Knie und Füße, danach arbeiten Sie sich wieder nach oben durch den Körper, bis zum Kopf.

- Geben Sie sich Zeit, um wieder das Bewusstsein der realen Welt zu erlangen.

Beruhigung der Aura in einer Stresssituation

Das ist eine gute Meditation, wenn Sie gelegentlich spüren, dass Sie einer Situation nicht gewachsen sind. Wenn Sie religiös sind oder Affinitäten zu einer Gottheit oder Engeln haben, können Sie während dieser Übung zu ihnen beten.

- Setzen Sie sich bequem hin, schließen Sie die Augen und konzentrieren Sie sich auf das Atmen. Während Sie sanft ein- und ausatmen, sagen Sie zu sich selbst: „Ich atme Frieden und Liebe ein, Stress und Negativität aus."

- Beim Atmen stellen Sie sich vor, dass sie die Farben des Friedens und der Liebe einatmen: Rosa, Hellgrün oder Blassblau. Mit jedem Ausatmen visualisieren und fühlen Sie, wie alle negative, graue Energie Ihren Körper verlässt, und Ihre Aura entspannt und ruhig wird.

- Fühlen Sie das sanfte Heben und Senken Ihrer Brust, während Sie die Farben von Friede und Liebe einatmen und Sorgen und Ängste ausatmen.

- Währen Sie atmen, seien Sie sich bewusst, wie Ihre Aura heller und leichter wird, und wie Sie inneren Frieden verspüren.

- Atmen Sie eine Minute lang so weiter und wiederholen Sie dabei zu sich selbst: „Ich bin ruhig und entspannt. Ich bin ruhig und entspannt. Ich bin ruhig und entspannt."

- Sobald Sie sich ruhig und entspannt fühlen, sagen Sie: „ich werde geführt von [verwenden Sie den Namen der gewählten Gottheit oder Ihre innere Weisheit]." Wiederholen Sie diese Mantra zwei Mal oder öfter.

- Sagen Sie nun zu sich selbst: „Ich kann das, ich kann das, ich kann das."

- Wenn Sie bereit sind, öffnen Sie langsam die Augen, setzen Sie sich auf, oder stehen Sie auf, und bringen Sie sich wieder mit Ihrer Umgebung in Einklang.

Heilende Energie

Ob man heilende Energie nun „spirituelle Heilung" oder „Reiki" nennt, man arbeitet mit universeller Energie, und das ist etwas aus dem Herzen Kommendes. Wenn Se als Heiler arbeiten, sind Sie durch Ihr Herz mit der Energie verbunden, durch Ihre Gefühle der bedingungslosen Liebe und das Mitgefühl für den Klienten, oder für sich selbst, wenn Sie sich selbst heilen müssen. Aber Sie müssen nicht formell in einer bestimmten Heil-Schule dazu ausgebildet sein, denn das können alle. Training gibt Ihnen die Gelegenheit zu üben, aber es gibt weder einen richtigen oder falschen Weg beim Heilen, noch ist eine Form des Heilens stärker oder besser als eine andere. Dei Schwingung kann aber nur so hoch sein, wie die Leitung frei ist. Wenn Sie religiös sind, können Sie beten und um Hilfe und Fürsprache jener Gottheit bitten, der Sie sich verbunden fühlen. Sie können Ihr eigenes Ritual dafür schaffen, aber auch ein einfaches Gebet wird genügen.

Heilung ist ein sanfter Prozess, der viele Sitzung erfordern kann, aber man sollte bereits eine Verbesserung innerhalb der ersten drei bis sechs Sitzungen bemerken. Die Seele ist vorsichtig, sie lässt nicht mehr Energie zu, als eine Person zu einem bestimmten Zeitpunkt vertragen kann.

ÜBUNG, UM SICH MIT HEILENDER ENERGIE ZU VERBINDEN

Das ist der einfachste Weg, um sich mit der heilenden Energie zu verbinden, und die Meditation ist für sich selbst schon selbstheilend. Sie ist auch die Grundlage für weitere Meditationen, die man zum Heilen und Ausgleichen der Chakren und aller Schichten der Aura verwenden kann.

- Setzen Sie sich bequem hin und nehmen Sie drei tiefe Atemzüge, um sich zu zentrieren und zu erden.

- Wenn Sie bereit sind, bitten Sie Ihre Gottheit oder die innere Weisheit, Sie mit der universellen Energie zu verbinden.

- Reiben Sie Ihre Hände eine Minute lang fest gegeneinander und fühlen Sie, wie sie warm werden. Halten Sie nun die Hände etwa 30 bis 45 cm voneinander entfernt.

- Konzentrieren Sie sich aufs Atmen; stellen Sie sich vor, die universelle Energie einzuatmen. Fühlen Sie die Energie, die Sie umgibt. Beim Ausatmen stellen Sie sich vor, dass die Energie durch die Hände nach außen fließt.

- Vielleicht fühlen Sie ein leichtes Kribbeln in Ihren Händen, wenn nicht, macht es auch nichts, denn die Heilung funktioniert trotzdem. Atmen Sie einfach die Energie ein und durch Ihre Hände wieder aus.

- Dann bewegen Sie Ihre Hände irgendwohin in Ihrer Aura und beginnen, die heilende Energie auszusenden, dorthin, wo Sie spüren, dass sie gebraucht wird.

GEFÜHRTE VISUALISIERUNG ZUM POOL DER HEILENDEN KRISTALLE

Diese geführte Meditation zum Schluss wird Ihnen helfen, sich selbst körperlich und emotional zu heilen, wenn es notwendig werden sollte.

In dieser Übung unternehmen Sie eine Reise in den Kristalltempel der Heilung, wo Sie in den Pool des Lebens eintauchen und selbst Ihre Seele heilen können.

- Setzen Sie sich bequem hin. Konzentrieren Sie sich auf die Atmung.
- Stellen Sie sich vor, Ihre Füße haben Wurzeln, die tief in den Boden reichen und mit der göttlichen Energie von Mutter Erde verbunden sind. Nehmen Sie das Gefühl von Sicherheit, Geborgenheit und Geerdetsein wahr.
- Atmen Sie nun durch Ihre Wurzeln die Energie nach oben, um die Chakren eines nach dem anderen zu öffnen, lassen Sie sie durch das Kronenchakra austreten und sich mit der goldenen universellen Energie verbinden.

- Spüren Sie, dass Sie ganz offen und geschützt sind.
- Nun stellen Sie sich vor, dass Sie entlang des goldenen Fadens der universellen Energie hinaus ins Universum schweben. Sie werden zu einem Kristalltempel geführt, wo sich alle Heiler des Universums unter der Leitung des Engels der Heilung – Erzengel Michael am Thron.
- Wenn Sie in den Tempel eintreten, werden Sie zu einer Kristallhöhle geführt. Sie besteht aus der Art von Kristall, die Sie gerade brauchen.
- In der Mitte der Höhle gibt es einen Wasserfall mit kristallklarem Wasser, das in einen Pool fällt, der so tief ist, wie Sie es sich wünschen. Rund um den Pool stehen Engel, erleuchtete Meister und alle Heiler des Universums sowie alle, von denen Sie geliebt werden.
- Steigen Sie ins Wasser und begeben Sie sich zum Wasserfall. Nehmen Sie die bedingungslos liebende Energie aller Heiler, die Sie halten, wahr. Stellen Sie sich unter den Wasserfall und spüren Sie, wie das Wasser des Lebens alle Schichten Ihrer Aura reinigt und revitalisiert.
- Nehmen Sie einen Becher und trinken Sie das Wasser des Wasserfalls. Spüren Sie, wie es durch Ihren Körper fließt. Nehmen Sie wahr, wie die dunklen Problemflecken den Körper verlassen und Ihre Aura kristallklar wie Wasser wird. Bitten Sie, die Heilung rückwärts durch die Zeit gehen zu lassen, sodass auch vergangene Traumata geheilt werden.
- Bleiben Sie unter dem Wasserfall und im Pool so lange Sie möchten. Denken Sie daran, dass Sie mit der Visualisierung zu jeder Zeit an diesen Ort zurückkehren können.
- Wenn Sie bereit sind, danken Sie allen Heilern, Engeln und geliebten Wesen für die empfangene Heilung und gehen Sie entlang des goldenen Fadens durch das Universum zurück in Ihren Körper.
- Schließen Sie Ihre Chakren eines nach dem anderen, atmen Sie Ihre Wurzeln ein und öffnen Sie langsam die Augen.

ZUSAMMENFASSUNG

Eine Aura zu lesen, ist nicht einfach zu meistern, doch dieses Buch sollte Ihnen helfen, die Verbindung zwischen den Schichten der Aura und der zwischen der Aura und den Chakren zu verstehen. Wenn Sie üben, Auren zu sehen, werden Ihre Fähigkeiten wachsen. Sie können immer auf dieses Buch zurückgreifen, um die Farben, die Sie sehen, nachzulesen und für sich selbst zu interpretieren.

Machen Sie sich keine Sorgen, wenn es jahrelang dauert. Viele medial veranlagte Personen entwickeln ihre Fähigkeiten erst später im Leben, wenn sie einmal die harte Arbeit und die Familienphase hinter sich haben. Ein wenig Erfahrung mitzubringen, kann Ihnen nur helfen! Genießen Sie Ihre Erfahrung mit den Auren und leben Sie Ihr Leben so gut und glücklich, wie es Ihnen nur möglich ist.

Viel Glück,
Joylina

ÜBER DIE AUTORIN

Joylina ist eine inspirierende Vortragende, Coach, Lebensberaterin, Expertin für Engel, Hellseherin, Heilerin, Lehrerin und Autorin. Sie gab ihre Karriere als freiberufliche Marketing-Expertin im Jahre 2000 auf, um ihre Fähigkeiten als Coach und Lebensberaterin auszuleben. Seit sie 1997 Reiki-Meisterin wurde, begann sie Menschen bei deren persönlicher und spiritueller Entwicklung zu helfen, um ihnen zu ermöglichen, ein glückliches, gesundes und erfülltes Leben zu leben. Sie schrieb drei Bücher, darunter das gefeierte *Your Angel Journey*. Die beiden anderen beschäftigen sich mit psychischer Entwicklung sowie Tarot und erschienen bei Zambezi Publishing Ltd.

Joylina war Präsidentin der British Astrological and Psychic Society und verantwortlich für die Entwicklung und Modernisierung von deren Kursen sowie das Anwerben neuer Mitglieder. Sie ist beratendes Mitglied der MBS Professionals Ltd. Sie ist von den hohen ethische Standards und der Integrität innerhalb Ihres gewählten Bereiches der persönlichen und spirituellen Entwicklung und aller Dinge in Bezug auf Geist, Körper und Seele überzeugt. Sie lehrte am College of Psychic Studies in London und bereiste viele spirituelle Energieorte rund um die Welt, um dort spirituelle Workshops und Retreats zu leiten.

Zur Zeit konzentriert sie sich aufs Schreiben und die Entwicklung eigener Trainigskurse sowie die Sorge für ihre Eltern und Enkel. Sie lebt im Südwesten Englands und liebt es, ihre Hunde entlang der schönen Jurassic Coast, die sie zur ihrer Heimat gemacht hat, spazieren zu führen.

REGISTER

3-D-Punkte-Bilder (Autostereogramme), 34, 46

Achtsames Essen, Übung, 38
Achtsamkeitsübung, 41
Achtsame Meditation, Übung, 40–41
Apps, Aura, 51
Astralkörper, 13, 14, 16, 109, 115, 121
Ätherischer Körper, 13, 14, 15, 108, 114, 120
Ätherische Öle, Auren heilen mit, 108–110, 119–123
Aura-Apps, 51
Aura-Brillen, 51
Aura-Kameras, 51–53
Aura-Schichten, 12–17
  Astralkörper und, 13, 14, 16, 109, 115, 121
  Aura-Sprays für, 108–110, 112
  Chakren in Interaktion mit, 25–27
  Emotionaler Körper und, 13, 14, 15, 108, 114, 120
  Geistiger Körper und, 13, 14, 15, 109, 114–115, 121
  Heilen jeder Schicht, 118–124
  Himmlischer Körper und, 14, 16–17, 109, 117, 122
  Kausalkörper und, 14, 17, 109, 117, 123
  Kristalle für, 114–117
  Physischer/ätherischer (elektromagnetischer) Körper und, 13, 14, 15, 108, 114, 120
  Spiritueller Körper und, 13, 14, 16, 109, 115, 122
  Über: Übersicht über, 14; Übersicht der Körper in Korrelation mit, 13; Reihenfolge, Beschreibung der Körper und, 14–17
Aura-Sprays, 108–110, 112
Aura-Therapien, 97–100. *Siehe auch* Mittel für Aura-Therapien
  Energieheilung und, 98–99
  Heilung, heilende Energie und, 97–98
  Meditation, um Ihre Aura zu schützen, 102–103
  Tipp, um Ihre Aura zu stärken, 98
  Über: Übersicht über, 97–98
  Wie sie funktionieren, 98–99
Auren
  Bilder/Fotos von, 9–11, 13, 51–53
  Definition und Charakterisika, 6–7
  Dreiteiliges Energiesystem und, 13
  Fotos von *Siehe* Bilder von Auren
  Geschichte über das Bewusstsein von, 8–11
  „Göttliches Licht" oder „Licht Gottes" 9
  Körperschichten in Verbindung mit . *Siehe* Aura-Schichten
  Nahrung und, 127–128
  Reinigung. *Siehe* Aura-Therapien
  Therapie mit Tieren, 116
  Über: Übersicht über, 6–7
  Zusammenziehen, 129
Auren lesen, 70–81. *Siehe auch* Farben der Auren
  Bedeutung der vorherrschenden Farbe, 73–81
  Entecken der vorherrschenden Farbe, 72–73
  Über: Übersicht über, 71
  Was Sie Ihnen sagen kann, 71
Auren spüren, 42–53. *Siehe auch* Übungen zum Sehen/Spüren, Fühlen von Auren
  Aura-Apps für, 51
  Aura-Brillen für, 51
  Aura-Kameras für, 51–53
  Erreichen von verschiedenen Dimensionen und Schwingungen, 124–125
  Gedankenformen und, 44
  Imagination, Bedeutung von, 43–44
  Über: Geschichte des Bewusstseins von Auren, 9–11; Übersicht, 43
Auspendeln, 48–50, 105–106
Autostereogramme, 34, 46

Bewusstsein über Auren. *Siehe auch* Auren spüren
  Erster Schritt, um es zu schaffen, 13
  Geschichte des, 8–11
Beziehungen, Auren und, 82–93
  Beste Übereinstimmung von Farben, 84–85, 92–93
    Blau, 88, 92–93
    Gelb, 86–87, 92–93
    Gold, 91, 92–93
    Grün, 87, 92–93
    Indigo, 90, 92–93
    Lavendelfarben, 90, 92–93
    Orange, 86, 92–93
    Rosa, 88, 92–93
    Rot, 86, 92–93
    Silber, 91, 92–93
    Türkis, 89, 93
    Violett, 89, 92–93
    Weiß, 91
  Über: Übersicht über, 83; Zusammenfassung der Übereinstimmung (Graphik), 92–93
Bilder von Auren, 9–11, 13, 51–53
Blaue und Indigo-Menschen (Blau-Purpur), 76, 88, 92–93
Blau/Schattierungen, 59, 63–64
Blütenessenzen, 111–112

Brillen, Aura, 51

Chakren, 18–27. *Siehe auch* Chakren, spezifische
- Astralkörper und, 16, 109, 115, 121
- Auspendeln und, 48–50
- Definiert, 19
- Emotionaler Körper und, 15, 108, 114, 120
- Energieblockaden, 20
- Energiesystem erklärt, 20
- Geistiger Körper und, 15, 109, 114–115, 121
- Himmlischer Körper und, 16–17, 109, 117, 122
- Kausalkörper und, 17, 109, 117, 123
- Klangtherapie für, 107
- Physischer/ätherischer Körper und, 15, 108, 114, 120
- Schließen nach der Bearbeitung, 123
- Spiritueller Körper und, 16, 109, 115, 122
- Über: Übersicht über, 19; dreiteliges Energiesysten und, 13
- Vorteile des Verständnisses, 20
- Wie Schichten einer Aura interagieren, 25–27

Chakren, spezifische
- Hals, 15, 16, **23–24**, 107
- Herz-, 16, **22**, 107
- Kronen-, 17, **24–25**, 107
- Sakral-, 15, 16, **22**, 107
- Solarplexus, 15, **22**, 107
- Stirn-, 16, 17, **24**, 107
- Wurzel-, 15, 17, **21**, 107
- Über: schließen nach der Bearbeitung, 123

Das Subtile aufspüren, Übung, 68
Denken, Übungen zur Entwicklung, 39–41

Eigene Aura spüren, 47
Element, Aura-Therapie, Übung, 100
Element Erde, Übung, 100
Element Feuer, Übung, 100
Element Luft, Übung, 100
Element Wasser, Übung, 100
Emotionaler Körper, 13, 14, 15, 108, 114, 120
Energie absaugen, sich schützen gegen, 101
Energiefelder. *Siehe auch* Chakren
- Korrelation mit chinesischer und indigen-amerikanischer Heilung/spirituelle Systeme, 11
- Heilende Energie (und Übung, um sich damit zu verbinden), 132–133
- Geschichte des Aura-Bewusstseins und, 9–11
- Dreiteiliges Energiesystem, 13

Engel-Übung, 124–125
Essenzen, 111–112

Farben, 54–69
- Als Mittel zur Aura-Therapie, 106
- Arbeit mit Farben, Übung, 37–38
- Bedeutung von, 55, 57–66
- Jemandes Farben spüren (Übung), 46–47
- Neutrale Farben, 67–69
- Primärfarben (rot, gelb, blau), 58–59
- Schwarz und weiß, 59–60
- Sekundärfarben und Schattierungen, 60–66
- Über: Übersicht über, 55
- Wahrnehmungsübung, 56, 67–69

Farben von Auren
- Bedeutung der vorherrschenden Farbe, 73–81
- Beziehungen und. *Siehe* Beziehungen, Auren und
- Blau und Blau-Purpur, 76, 88, 92–93
- Gelb, 74–75, 86–87, 92–93
- Gold, 80, 91, 92–93
- Grün, 75, 87, 92–93
- Indigo, 76, 88, 92–93
- Lavendelfarben, 79, 90, 92–93
- Orange, 74, 86, 92–93
- Position der Farben und, 81
- Rot, 73–74, 86, 92–93
- Schwarz und weiß, 78
- Schichten von Auren heilen mit, 120–123. *Siehe auch* Gesundheit, Auren und
- Silber, 80, 91, 92–93
- Türkis, Farbe/Schattierungen, 79, 89, 93
- Über: Auralesen und, 71; grau in der Aura, 77
- Violett, 77, 89, 92–93
- Vorherrschende Farbe entdecken, 72–73

Fotos von Auren, 51–53. *Siehe auch* Auren spüren
Fünf Elemente-Akuounktur, 127

Gedankenformen, über, 44
Gefühle, Übungen zur Entwicklung, 36–38
Gehen, bewusstes, Übung, 67
Gehörsinn, Übungen zur Entwicklung, 34–35
Geistiger Körper, 13, 14, 15, 109, 114–115, 121
Gelb, Farbe/Schattierungen, 58, 62
Gelbe Menschen, 74–75, 86–87, 92–93
Gelernte Lektionen, Übung, 41
Geschichte des Bewusstseins von Auren, 8–11
Gesundheit, Auren und, 94–103. *Siehe auch* Aura-Therapien; Mittel für Aura-Therapie
- Beruhigung der Aura in einer Stresssituation, 95, 131
- Energieheilung und, 99–100
- Farben als Hinweise zur Gesundheit, 96
- Gegen Energieabsaugen schützen, 101
- Heilender Baum und, 96–97
- Jede Schicht der Aura heilen, 118–124
- Tipp, um Ihre Aura zu stärken, 98
- Über: komplementäre Therapien, 96–97; Übersicht von, 95

Gold-Auren, 80, 91, 92–93

Gold, Farbe, 66
Grau in der Aura, 66, 77
Grün, Farbe/Schattierungen, 62–63
Grüne Menschen, 75, 87, 92–93
Geführte Visualisierung zum Pool der heilenden Kristalle, 134–135
Göttliches Licht, 9

Haustiere, Aura-Therapie für, 116
Heilige Teresa von Ávila, 9
Heilung der Aura als Ganzes, 126–135. *Siehe auch* Aura-Therapien; Gesundheit, Auren und; Mittel für Aura-Therapie
  Beruhigung der Aura in einer Stresssituation, 95, 131
  Geführte Visualisierung zum Pool der heilenden Kristalle, 134–135
  Heilen der eigenen Aura, 130
  Heilende Energie (Übung) und, 132–133
  Heilende Sitzung, 129
  Nahrung und Aura, 127–128
  Über: Übersicht über, 127
  Zusammenziehen der Aura, 129
Heim, Farben im, Übung, 67
Himmlischer Körper, 14, 16–17, 109, 117, 122

Illumination, Übung, 36
Imagination, Übung, 40
Imagination, Bedeutung des Auren-Spüren, 43–44
Im Freien, Übung, 34
Indigo-Menschen (Blau-Purpur), 76, 88, 92–93

Jemandes Aura spüren, 47–48
Johanna von Orléans, 9

Kameras, Aura, 51–53
Kausalkörper, 14, 17, 109, 117, 123
Klang, als Aura-Therapie Werkzeug, 107
Kleidung, Farbe von, Übung, 68
Kräuter, Aura-Sprays mit, 108–110. *Siehe auch* Blütenessenzen
Kristalle, 112–117
  Auswahl, 113–117
  Geführte Visualisierung zum Pool der heilenden Kristalle, 134–135
  Heilung jeder Schicht der Aura mit, 119–123
  Kristallarbeit, Übung, 37
  Über: heilende Kraft von, 112; Verwendung, 112–113

Lavendel, Farbe, 66
Lavendel-Schattierungen, 79, 90, 92–93
Licht des Gottes, 9

Magenta, 61, 92–93
Meditation
  Achtsame Meditation, Übung, 40–41
  Geführte Visualisierung zum Pool der heilenden Kristalle, 134–135
  Heilung jeder Schicht der Aura mit, 120–123
  Schützen Ihrer Aura, 102–103
Meridiansystem, dreiteliges Energiesysten und, 13
Metallische Farben, 66
Mittel für Aura-Therapie, 104–117. *Siehe auch* Kristalle
  Aura-Sprays, 108–110, 112
  Auspendeln, 105–106
  Essenzen, 111–112
  Farbe, 108. *Siehe auch* Farben; Farben von Auren
  Klang, 107

Nahrung und die Aura, 127–128

Orange, Farbe, 61–62
Orange Menschen, 74, 86, 92–93

Pendel, auspendeln, 48–50, 105–106
Physischer/ätherischer (elektromagnetischer) Körper und, 13, 14, 15, 108, 114, 120
Primärfarben, 58–59. *Siehe auch* Farben der Auren
Purpur, Farbe/Schattierungen, 64–66
Pythagoras, 9

Reiki, 96–97, 119, 132
Reinigung der Aura. *Siehe* Aura-Therapien; Mittel für die Aura-Therapie
Rosa, Farbe, 61
Rosa, Beziehungen und, 30–31, 88, 92–93
Rot, Farbe, 58
Rote Menschen, 73–74, 86, 92–93
Rotschattierungen, 60–61

Schwarz und weiß, 59–60
Schwarze und weiße Menschen (Auren), 78, 91
Schützende Aura. *See* Aura-Therapien
Sehsinn, Übungen zur Entwicklung, 33–34
Selbstuntersuchung, Übung, 33
Silberne Auren, 80, 91, 92–93
Silber, Farbe, 66
Sinne, 28–41
  Sechster Sinn, 29
  Über: Übersicht über, Auren spüren, 29
  Übungen zur Entwicklung. *Siehe* Sinne, Entwicklung
  Vorherrschende, 30–31
Sinne anderer Menschen, Übung, 35
Sinne, Entwicklung (Übungen für), 32–41
  Allgemeine Richtlinien, 32
  Denken, 39–41

Gefühle, 36–38
Gehörsinn, 34–35
Sehsinn, 33–34
Über: Übersicht über, 29
Sitzung, heilende, 129
Sorgen, Übung, 39
Spiritueller Körper, 13, 14, 16, 109, 115, 122
Sprays, Aura-, 108–110, 112
Stress und Angst, Übung, 40
Stress, Beruhigung der Aura bei, 95, 131
Subtliles aufspüren, Übung, 68

Therapien. *Siehe* Aura-Therapien
Therapie mit Tieren, 116
Türkis, Schattierungen, 64, 79, 89, 93

Übungen, Aura-Therapie
Aufplustern, 99
Elemente, 100
Engel-Übung, 124–125
Über: Übersicht über, 99
Verbinden mit heilender Energie, 132–133
Übungen, um Auren zu sehen/fühlen/spüren, 45–50
Auspendeln, 48–50
Farben fühlen, 56
Jemandes Aura spüren, 47–48
Jemandes Farbe fühlen, 46–47
Wie man Auren in zehn Minuten sieht, 45
Wie man die eigene Aura spürt, 47
Übungen, um Farben zu erkennen
Bewusst gehen, 67
Das Subtile aufspüren, 68
Farben der Kleidung, 68
Farben fühlen, 56
Farben im Heim, 67
Farben verbildlichen, 68
Über: was Sie lernen werden, 69
Übungen um Sinne zu entwickeln
Gedanken, 39–41
Gefühle, 36–38
Gehörsinn, 34–35
Sehsinn, 33–34
Über: allgemeine Richtlinien, 32

Verbildlichung von Farben, Übung, 68
Violett, Farbe, 65
Violette Menschen, 77, 89, 92–93
Vorstellen der Aura, Übung, 33

Wasser, wildes, 110
Weiß und schwarz, Farben, 59–60
Weiße und schwarze Menschen (Auren), 78, 91
Wer ruft an? Übung, 34
„Wildes Wasser", 110
Wolkenstarren, Übung, 33–34

Zuhören/Hören, Übungen, 34–35
Zusammenziehen der Aura, 129

BILDNACHWEIS

Bilder, von der Autorin zur Verfügung gestellt: 52, 53
Illustrationen von Terry Marks: 21, 22, 23, 24, 36, 99, 129; Symbole auf den Seiten 120, 121, 122, 123
Bild von Sérgio Valle Duarte (verwendet ohne Adaptierung, unter creativecommons.org/licenses/by/4.0/deed.en): 10

Shutterstock: 9 © drawhunter; 14, 15, 16, 17 © Olga Guitere; 19, 72, 73, 74, 75, 76, 77, 78, 79, 80 © DeoSum; 25 © Baleika Tamara; 26 © umnola; 30, 33, 34 (Icon), 36 (Icon), 39 © A Aleksii; 31 © eveleen; 34 © Morphart Creation; 35 © aninata; 37, 112, 130 (u) © dariatroi; 40 © EngravingFactory; 43 © intueri; 45, 125 © Gorbash Varvara; 46 © 3Dimka; 47 © Benjavisa Ruangvaree Art; 48 © Elchin Jafarli; 49 (l) © revoltan; 49 (r) © Pani Lena; 56 © Galyna_P; 57 © Alhovik; 59 © xpixel; 83 © TopStudio; 84 © mart; 97 © provector; 100 © Peratek; 101 © anttoniart; 103 © NatBasilikum; 105 © Mercury Green; 108 (u), 123 (herb), 130 (l) © Bodor Tivadar; 108 (icon) © Sir.Vector; 108, 109, 120 (herbs), 121 (herbs), 122 (herbs) © Foxyliam; 109 (u) © Volkova Anna; 109 (m) © EPinie; 111 © logaryphmic; 113 © Nikki Zalewski; 114 (u) © ntv; 114 (o) © aregfly; 115 (u), 121 (Lapislazuli), 122 (Tiegerauge), 123 (crystal) © vvoe; 115 (o) © Anastasia Bulanova; 116 © hadkhanong; 117 (o) © Ademoeller; 117, 114 (m), 120 (Karneol) © Coldmoon Photoproject; 119 © SvetaZi; 120 (jasper) © Ilizia; 121 (Amethyst) © Jirik V; 122 (Sodalith) © Nastya22; 128 (u) © adehoidar; 128 (m) P© aintDoor; 128 (o) © Kaidash; 130 (r) © Nats Garu; 133 © QueenAnn5; 134 © Space Oleandr; 136 © Reamolko; Kapitel-Eröffner © Peratek